DESCUBRIENDO LIBERTAD FINANCIERA

LEGACY
press

Publicado por Legacy Press Books
LegacyPressBooks.org
Tu vida cuenta una historia; nosotros podemos ayudarle a escribirla.

Para solicitar permiso, escriba a:
Terry Moore @ AdvancedBiblicalFoundations.org
4041 Marsh Lane
Carrollton, TX 75007

Impreso en los Estados Unidos de América

ISBN (tapa blanda): 978-1-957026-49-7
ISBN (libro electrónico): 978-1-957026-50-3

Disponible en Amazon.com y Sojournchurch.org

Todas las citas bíblicas en esta publicación han sido tomadas Reina Valera, © 1960

Diseño y maquetación de portada e interiores: Nelly Murariu @PixBeeDesign.com

FUNDAMENTOS AVANZADOS

Descubriendo Libertad Financiera

Viviendo En La Generosidad de Dios

TERRY MOORE

CONTENIDO

INTRODUCCIÓN

Estamos viviendo en una época en la que las cosas están fuera de control en muchos aspectos, literalmente, y realmente necesitamos entender lo que la Palabra de Dios dice acerca de cómo debemos vivir nuestras vidas y caminar en Sus caminos. La Palabra de Dios está bajo ataque y lo ha estado por mucho tiempo. Sin embargo, la única estabilidad verdadera se encuentra en la Biblia y en la verdad que ella contiene, la cual nos hará y nos mantendrá libres.

El núcleo de la fe cristiana está en desarrollar una relación íntima y personal con Jesucristo como Señor y Salvador. Creo que Dios realmente desea que le conozcamos de una manera personal, no simplemente para saber más hechos e historias sobre Él, sino para conocerle de verdad. Todas las relaciones humanas sanas incluyen una comunicación efectiva, y nuestra relación con el Señor no es diferente. Su anhelo es que tomemos en serio Sus principios, directivas y liderazgo para que vivamos una vida edificada sobre la Roca y para que las circunstancias de la vida, la economía, la anarquía o la corrupción no sacudan nuestra seguridad o nuestra paz.

Las finanzas son una de esas áreas en las que Dios quiere hablarnos. Mucha gente dice que la iglesia habla demasiado sobre el dinero, pero ¿te das cuenta de que hay 2300 versículos en la Biblia que tienen que ver con la riqueza, el dinero y las finanzas? Y Jesús habló del dinero en 16 de sus 38 parábolas. ¡Eso es mucho! Tal vez no hablamos de ello lo suficiente. Tal vez Jesús lo sabía. Tenía mucho que decir al respecto, como veremos, porque el dinero está tan entrelazado en todo lo que hacemos. Cómo manejas el dinero dice mucho sobre tu perspectiva de la vida y tus prioridades.

Tenemos un gobierno con una deuda enorme, que se acerca a los 30 billones de dólares en el momento de escribir estas líneas, sin contar las demás obligaciones del gobierno. Tenemos un sistema financiero que no está siendo regulado y muchos piensan que la respuesta es simplemente imprimir más dinero (también conocida como la "teoría monetaria moderna").

En una época, estaba atrapado en la búsqueda de riqueza de este mundo. Fui a la universidad para obtener un título en negocios y tomé todos los cursos de finanzas disponibles. Mi objetivo: ¡hacerme rico! Y lo perseguí con ahínco. Sabía cómo elaborar un estado financiero para poder pedir más dinero prestado, operando con cientos de miles de dólares en líneas de crédito. Perseguía negocios y hacía negocios. Sí, ganaba dinero, pero también me endeudaba mucho. Realmente nunca había considerado lo que la Palabra de Dios tenía que decir sobre el dinero, la abundancia de recursos o las riquezas. Y entonces, en 1982, Dios cambió mi vida.

Al estudiar la Palabra, comencé a darme cuenta de que mi forma de pensar y mi mentalidad no estaban de acuerdo con los caminos de Dios. Dolorosamente, empecé a cambiar la manera en que había estado haciendo negocios y manejando el dinero. Busqué al Señor en busca de ayuda. Él escuchó. Estaba profundamente endeudado, pero Dios intervino en muchas ocasiones con milagros que no podían explicarse. Me tomó ocho años pagar todo y salir de deudas, pero en el camino aprendí lecciones y principios valiosos que hoy gobiernan mi vida de manera sólida.

La mayoría de nosotros tenemos que trabajar y ganar dinero para vivir. No todo el mundo tiene el mismo tipo de problemas financieros, pero todo el mundo tiene que lidiar con el dinero, tengas mucho o poco. Afecta a casi todos los aspectos de la vida. Por eso es importante entender lo que Dios dice sobre el dinero.

Fundamental para la libertad financiera es el principio de la bendición: que Dios quiere derramar bendiciones sobre nosotros, no solo por nuestro bien, sino también porque desea que nuestras bendiciones fluyan a través de nosotros hacia los demás. "¡Bendecidos para ser una bendición!" Él es un buen Padre y proveedor, prometiendo que suplirá "TODAS sus necesidades conforme a sus riquezas en gloria en Cristo Jesús" (Filipenses 4:19).

Sí, seremos impactados por el mundo en el que vivimos y habrá luchas. Pueden surgir gastos o necesidades imprevistas; desempleo, problemas médicos, reparaciones de automóviles, la matrícula del colegio y todas nuestras posesiones exigen nuestro tiempo y recursos. Incluso puede haber largas temporadas de escasez, cuando simplemente no queda suficiente dinero al final del mes. Sin embargo, Dios ha establecido valiosos principios en Su Palabra para gobernar nuestra toma de decisiones y la administración de las finanzas para llevarnos a través de estos tiempos difíciles y en la provisión y la paz.

Su promesa es: "Estas cosas os he hablado para que en Mí tengáis paz. En el mundo tendréis aflicción; pero confiad, yo he vencido al mundo" (Juan 16:33)

Te invito a que te unas a mí para disfrutar de la vida abundante y *Descubriendo Libertad Financiera.*

Terry Moore

Pastor Fundador y Anciano, Iglesia Sojourn, Carrollton, TX
Fundador y Presidente de la Red Apostólica Internacional
(International Apostolic Network), JTerryMoore.org

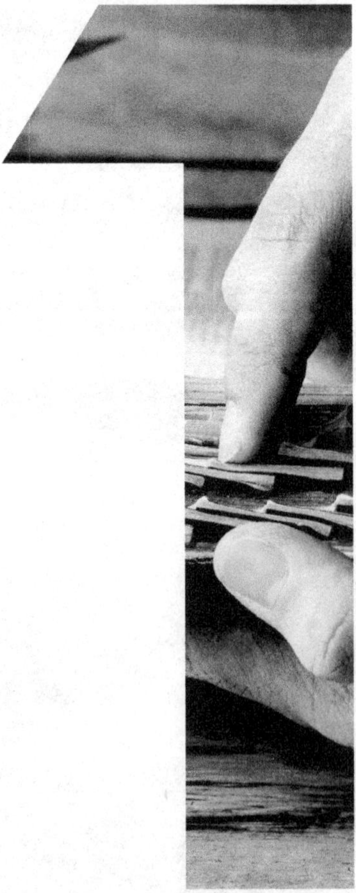

Obteniendo La Perspectiva de Dios

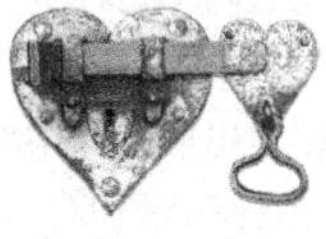

Del Señor es la tierra y su plenitud. Salmo 24:1

Es importante que empecemos desde el principio. *"Del Señor es la tierra y su plenitud"*. Todo comienza aquí. Es una posición y perspectiva que es crítica para ponernos en el camino correcto hacia la libertad financiera. Aquí hay otra Escritura interesante que se relaciona con un principio fundamental concerniente a las finanzas: Hageo 2:8 dice: "Mía es la plata y mío es el oro, dice Jehová de los ejércitos". Seamos claros: todo le pertenece a Dios. Todo es Suyo. Dios pronunció estas palabras en Hageo 2:8 para animar a sus siervos a poner manos a la obra que tenían ante sí y restaurar el Templo.

¿Cuál es el mensaje de este pasaje? El mensaje de este pasaje es que Dios es el Creador soberano y Dueño de todas las cosas, incluidos los recursos de la tierra. Cuando Él dice que la plata, el oro, los animales y toda la creación le pertenecen, está declarando Su autoridad y recordándonos que la humanidad no es la verdadera dueña de estas cosas. Más bien, todo lo que tenemos nos ha sido confiado por Dios y, en última instancia, permanece en Sus manos y bajo Su gracia.

Dios es tanto el gobernante como el dueño de todo el petróleo, el mar y los recursos de la tierra. Él posee el espacio aéreo y las galaxias, y ni una sola partícula de lo que fue creado se hizo sin Su ingenio y Su obra (Juan 1:1-2).

Definiendo la Mayordomía

¿Cuál es nuestro papel, nuestra posición? *Somos administradores*, no dueños. ¿Qué es un administrador? Es una persona que cuida y es responsable de los bienes de otro. Dios nos ha dado el mando sobre toda Su creación, pero quiere que llevemos a cabo las responsabilidades de acuerdo con Sus instrucciones. Él nos ha dicho qué hacer y cómo administrar Su casa y sus posesiones. Veamos la Escritura en Lucas 16:10-13. Esta es la parábola del administrador injusto:

El que es fiel en lo muy poco, también es fiel en lo mucho; y el que es injusto en lo muy poco, también es injusto en lo mucho. Pues si no fuisteis fieles en las riquezas injustas, ¿quién os confiará lo verdadero?

Y si en lo ajeno no fuisteis fieles, ¿quién os dará lo que es vuestro? Ningún siervo puede servir a dos señores; porque o aborrecerá al uno y amará al otro, o estimará al uno y menospreciará al otro. No podéis servir a Dios y a las riquezas.

En esta historia, es obvio que el Amo esperaba plenamente que su mayordomo administrara los asuntos financieros de su hacienda. Pero el mayordomo fue descuidado, temeroso y no fue fiel con lo que se le había dado.

Este principio fundamental es primordial en todas las Escrituras y en este estudio. Tenemos que reconocer que todas las cosas pertenecen a Dios. Tenemos la oportunidad de administrar y manejar los recursos que Él nos ha dado, pero debemos aprender a someternos a Su Señorío y ser fieles en nuestras responsabilidades. La Palabra dice que si eres fiel en lo poco, también serás fiel en lo mucho. Si eres fiel con las posesiones de otro hombre, se te dará lo tuyo, se te dará más.

"Dios nos ha dado la administración de toda su creación".

Habrás oído a gente decir: "Bueno, si tuviera más, podría hacer más cosas con él. Si tuviera más dinero, estaría bien o tomaría mejores decisiones". No, eso no es lo que la Palabra dice. Dice, si no eres fiel con lo que tienes ahora, no serás fiel con cosas mayores. Yo he dicho lo mismo: ¡Necesito más! La mujer viuda del Nuevo Testamento (Lucas 21:1-4) tampoco tenía mucho, sin embargo lo dio todo y fue honrada por ello

Tal vez haya estado enfocando el tema de las finanzas desde una perspectiva equivocada, como si mirara a través de unos prismáticos por el extremo equivocado. Si es así, es hora de cambiar las cosas. En lugar de pedir más, comprométete a administrar lo que ya tienes y a ser fiel en lo poco, en lo que Dios te ha dado.

En el versículo 11, Lucas 16 dice: "Por tanto, si no fuisteis fieles en las riquezas injustas, ¿quién os confiará las verdaderas?"

Está claro que la fidelidad es el punto clave en estos versículos. Ser fiel sugiere que eres digno de confianza. No es tan complicado. Asumes la responsabilidad de lo que Dios te da. Pero administras esas cosas según Sus reglas, Sus instrucciones; no haces lo que te da la gana. Eres un siervo, o en otro término, un esclavo, sirviendo a tu Amo.

El Amor al Dinero

El libro de Lucas aborda esta cuestión de la lealtad, el compromiso y la servidumbre. "Ningún siervo puede servir a dos señores; porque o aborrecerá a uno y amará al otro, o será leal a uno y despreciará al otro. No podéis servir a Dios y a las riquezas" (Lucas 16:13). Otra vez la palabra "mamón. Esta palabra se refiere literalmente a una deidad, aunque más comúnmente se refiere en un contexto negativo a algo que está reñido con el servicio a Dios. También conlleva un contenido espiritual.

Este versículo dice que odiarás a uno y amarás al otro o serás leal a uno y despreciarás al otro. No puedes servir a ambos. Creo que el dinero tiene una dinámica espiritual. Sabemos que tiene la capacidad de afectarnos de manera positiva o negativa. Pero mientras nos alineemos con Dios y Sus principios, se nos confiarán las verdaderas riquezas.

Veamos por un momento 1 Timoteo 6:6-11. Timoteo es el hijo espiritual del apóstol Pablo, su discípulo, y Pablo le está dando algunas instrucciones personales como joven. Pablo dice que para llegar a ser un hombre maduro de Dios, Timoteo va a tener que aprender y entender cómo manejar el dinero.

> "Ahora bien, la piedad con contentamiento es gran ganancia. Porque nada hemos traído a este mundo, y es seguro que nada podremos sacar. Y teniendo alimento y vestido, con esto estaremos contentos. Pero los que quieren enriquecerse caen en tentación y lazo, y en muchas codicias necias y dañosas que hunden a los hombres en destrucción y perdición. Porque el amor al dinero es raíz de todos los males, por lo cual algunos se han apartado de la fe por su avaricia, y se han traspasado a sí mismos con muchos dolores."

Pablo dice que la piedad con contentamiento es gran ganancia-contento. No trajimos nada a este mundo y es seguro que no podemos llevar nada fuera. Considera eso por un momento. Obviamente, ¡nunca has visto un coche fúnebre con un camión de mudanzas detrás! No se trata de cuánto tienes: el saldo de tu cuenta bancaria, tus posesiones, adquirir más tierras o cosas. Estar contento es estar seguro en Cristo, estar bien relacionado con Él y saber con plena certeza que Dios es tu proveedor. Él es un Padre bueno y cuida de Sus hijos.

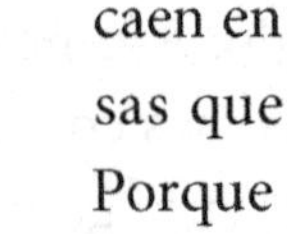

"Estar contento es estar seguro en Cristo".

El apóstol Pablo habla del contentamiento en Filipenses 4:11-12. "No lo digo porque tenga escasez pues he aprendido a contentarme con lo que tengo. Sé vivir en la pobreza, y sé vivir en la abundancia. En todo lugar y en todas las circunstancias he aprendido el secreto de hacer frente tanto a la hartura como al hambre, tanto a la abundancia como a la necesidad." Pablo no estaba preocupado. Su atención no se centraba en lo que tenía o no tenía. Había aprendido a estar contento en cada situación de la vida. ¿Cómo? Su enfoque estaba en el Señor a quien amaba y servía, y las cosas de la vida no tenían nada que ver con su estado mental. Aprendió a contentarse con su relación y confianza en Aquel que dio todo por él.

Hay una advertencia en 1 Timoteo 6:9 que dice: "Pero los que desean enriquecerse caen en tentación y lazo, y en muchas codicias necias y dañosas que hunden a los hombres en destrucción y perdición."

Ese era mi deseo: quería ser rico. Después de graduarme en la universidad, ser rico era mi objetivo principal. Y sin duda fue una trampa. Ciertamente puedo decir: "¡He estado allí, he hecho eso!". Estoy agradecido de que Dios me interceptó en ese camino, en mi necedad, y redirigió mi vida.

El versículo 10 de la Biblia Reina Valero 1960 dice: "Porque raíz de todos los males es el amor al dinero…" En realidad omite las palabras "todos". El amor al dinero es una raíz; es mamón injusto que es capaz de poner sus garras en ti, obtener tu atención y tu enfoque, y capturar tu corazón. Hay un espíritu unido al dinero. Cuando tu corazón va tras el dinero, te desvías de la verdad y la piedad: "el cual codiciando algunos, se extraviaron de la fe, y fueron traspasados de muchos dolores" (1 Timoteo 6:10).

La respuesta de Dios se encuentra en los versículos 11 y 12. "Mas tú, oh hombre de Dios, huye de estas cosas y sigue la justicia, la piedad, la fe, el amor, la paciencia, la mansedumbre. Pelea la buena batalla de la fe, echa mano de la vida eterna, a la cual asimismo fuiste llamado habiendo dicho la buena profesión delante de muchos testigos." ¿Sabes lo que significa huir? Significa CORRE. Corre y persigue la justicia, la piedad, la fe, el amor, la paciencia y la mansedumbre. Alinea tu vida con la Palabra de Dios. Da a conocer tu confesión ante los demás. Persigue a Cristo. Aférrate a las cosas eternas a las que has sido llamado.

Sé un administrador fiel de las cosas de Dios. No se puede servir a Dios y a mamón.. Simplemente no funcionará. Comprende el peligro de perseguir las riquezas. El dinero no es malo; lo es el amor al dinero. Hay un mandato interesante y una promesa inherente en los últimos versículos de este capítulo:

> "A los ricos de este siglo manda que no sean altivos, ni pongan la esperanza en las riquezas, las cuales son inciertas, sino en el Dios vivo, que nos da todas las cosas en abundancia para que las disfrutemos. Que hagan bien, que sean ricos en buenas obras, dadivosos, generosos; atesorando para sí buen fundamento para lo por venir, que echen mano de la vida eterna." 1 Timoteo 6:17-19

Este es nuestro encargo y Su mandato: no poner nuestra confianza en riquezas inciertas, sino en el Dios vivo que nos da ricamente todas las cosas para que las disfrutemos.

Riquezas Verdaderas

¿Qué significa ser rico? "¿Cómo se puede calificar o cuantificar lo que se necesita para ser considerado rico?" Conoces a personas, tal vez personalmente, que son millonarias o incluso multimillonarias. Si compara el saldo de su chequera con el de ellos, probablemente dirá que usted no es rico. Sin embargo, si nos fijamos en el resto del mundo y en cómo vive la gente en lugares como India, China y partes de África o América Central y del Sur, y comparamos su nivel de vida con el nuestro, ¡entonces sí que somos ricos!

He viajado por todo el mundo y he estado en muchos de esos lugares, y puedo decirles que no tienen prácticamente nada. Es extremadamente difícil; millones de personas viven en la pobreza. En comparación, nosotros SOMOS ricos, no sólo en riqueza material, sino en muchos otros aspectos.

Considere la oración, las buenas nuevas del Evangelio, el poder del Espíritu Santo... la lista podría continuar. Dios recompensa a quienes administran fielmente lo que se les ha dado. El mandamiento dice que "los ricos de este siglo no deben ser altivos". Lo que esto significa es pensar sobriamente sobre tu situación financiera y todo lo que posees. No pongas tu confianza en riquezas inciertas. Y no pienses que has llegado a este lugar de riqueza, o a un lugar de pobreza, sólo por tu propio esfuerzo. Las riquezas inciertas son inciertas; no puedes fiarte de tu cuenta bancaria ni mucho menos de en el mercado de valores.

Vivimos en un mundo que abunda en pecado, y mamón tiene un espíritu unido a él. Constantemente trata de agarrar tu corazón y arrastrarte a su red. Proverbios 23:4-5 dice,

> "No te afanes por hacerte rico;
> Sé prudente, y desiste.
> ¿Has de poner tus ojos en las riquezas, siendo ningunas?
> Porque se harán alas
> Como alas de águila, y volarán al cielo."

Déjenme decirles, ¡he visto miles de dólares volar por los aires! He probado esas Escrituras en la Biblia, tal vez no todas las 2300, pero un montón-las malas y las buenas.

Sin embargo, puedes confiar en el Dios viviente. No hay estabilidad permanente ni garantía en otra cosa que no sea Jesús y Su Palabra. Él es la Roca. Las cosas serán sacudidas; de hecho, la Biblia dice que todo lo que puede ser sacudido, será sacudido.

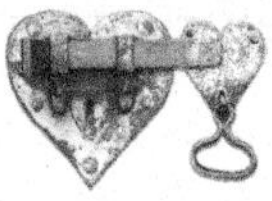

"El corazón de Dios Padre es dar... servilmente".

Vuelve a leer 1 Timoteo 6:17. Dice que Dios nos da ricamente todas las cosas para que las disfrutemos. ¿No es asombroso? A veces pensamos que Dios no quiere que tengamos cosas. No. El dice que quiere darnos cosas buenas para que las disfrutemos. Ese es Su corazón; Él es un buen Padre y proveedor. ¿Somos nosotros diferentes? Yo soy padre y amo a mis hijos. Quiero que sean bendecidos, que disfruten su vida y que tengan abundancia. La única cuestión es que Dios quiere que no estemos atados por el dinero o las posesiones, sino que nos demos cuenta de que todo don bueno y perfecto verdaderamente proviene de Él. Él quiere nuestro afecto y que seamos totalmente devotos a Él y que tengamos un corazón como el Suyo.

Juan 16:33 dice: "Estas cosas os he hablado, para que en mí tengáis paz. En el mundo tendréis tribulación; pero confiad, yo he vencido al mundo." Así que no temas. Este mundo no tiene estabilidad. Nos enfrentamos con el pecado, la enfermedad, la muerte, y la tribulación, pero Jesucristo es nuestra Roca y nuestra Ancla y nuestra Paz. En Él hay paz perfecta.

Es tiempo de que nosotros, como iglesia y como pueblo, 'seamos ricos en buenas obras, dispuestos a dar, deseosos de compartir.' Necesitamos convertirnos en personas generosas. Él lo dio todo libremente, el regalo más grande que podía dar: Su Hijo. Por Su amor por cada uno de nosotros, Él dio, para que pudiéramos tener la plenitud de la herencia en Cristo Jesús. Ahora podemos dar libremente

Determina en tu corazón ser un dador generoso, bendecir a otros, y administrar fielmente todo lo que Él te ha dado y poner tu confianza en Su amor inagotable por ti.

TÓMALO EN SERIO

Convertirse en mayordomo de los recursos de Dios y todo lo que eso significa puede ser un concepto nuevo para ti. Al leer este capítulo sobre cómo obtener la perspectiva de Dios, es posible que te hayas sentido desafiado a profundizar en tus creencias sobre el dinero y la administración de las finanzas, el espíritu de mamón y lo que significa ser un dador generoso y pródigo. Tómate un momento para sentarte con el Padre y pedirle que te dé Su corazón y entendimiento acerca de estos principios y cómo Él quiere demostrar Su amor, provisión y promesas a través de tu vida.

LLÉVALO A DIOS

Tomo este momento, Padre, para reconocer que 'Del Señor es la tierra y su plenitud.' Todo es Tuyo. Tú eres el dueño de todo; estás a cargo de todas las cosas.

Te ruego y te pido que me perdones, Señor, por pensar que el dinero y los recursos que tengo son sólo míos y no considerar que Tú los has puesto en mi posesión para administrarlos y manejarlos según Tu Palabra. Perdóname por no ser fiel en lo poco. Quiero caminar en Tu voluntad y Tu camino. Quiero ver que Tu Reino venga en la tierra como en el Cielo. Que pueda ser un instrumento de bendición para el mundo que me rodea y un reflejo de Tu amor. Te doy permiso, Espíritu Santo, para que me guíes por el camino eterno. En el nombre de Jesús. Amén.

CAPÍTULO UNO

REFERENCIAS BÍBLICAS

Hageo 2:8

Salmo 50:10

Juan 1:1-2

Lucas 16:10-13

Lucas 21:1-4

1 Timoteo 6:6-11

Filipenses 4:11-12

1 Timoteo 6:17-19

Proverbios 23:4-5

Juan 16:33

2

Dios Quiere Nuestro Corazón

Los mayores tesoros que podemos encontrar son los que tienen un valor infinito e indiscutible. La Biblia habla de muchos, destacando su importancia en la vida de un seguidor de Cristo. Son la fe, la esperanza, el amor, la integridad, la sabiduría, la verdad y el carácter, entre otros. Encontramos en Mateo 6:19-21 la batalla entre el bien y el mal, el Cielo y el mundo: "No os hagáis tesoros en la tierra, donde la polilla y el orín corrompen, y donde ladrones minan y hurtan; sino haceos tesoros en el cielo, donde ni la polilla ni el orín corrompen, y donde ladrones no minan ni hurtan. Porque donde esté vuestro tesoro, allí estará también vuestro corazón". El corazón de cada creyente es probado y pesado en las cosas que apreciamos , en las que nos enfocamos, a las que damos nuestros recursos y que atesoramos.

"El corazón de cada creyente es probado y pesado en las cosas que apreciamos".

Dios deja claro que las cosas que podemos tocar y sentir son temporales; se van a oxidar y deteriorar, y el enemigo puede entrar, robar y destruir esos tesoros. No es que sean necesariamente malos o destructivos, pero no aportan valor eterno; son terrenales. Dios esta diciendo que pongamos nuestra atención en los tesoros celestiales, en las cosas de arriba

Ahora, no estoy exactamente seguro de por qué necesito acumular tesoros en el Cielo. ¿Con qué propósito ? Mi concepto del Cielo me dice que no voy a necesitar nada cuando llegue allí. Creo que hay algunas dinámicas en ser fiel con lo que pertenece a otro, y Dios esta revelando como debemos administrar, dar, y enviar las cosas adelante. Esta revelando nuestros corazones, y la manera en que manejamos el dinero y los tesoros es importante ahora y lo será también hacia donde nos dirigimos.

Entonces, ¿cómo acumulamos tesoros en el cielo? Pues, realmente no lo sé, excepto que en el centro de todo está el dar. No estoy hablando sólo de dinero, aunque eso es parte de ello, sino de nuestro tiempo, recursos, compasión, energía, amor y adoración. Dios nos da todas las cosas para que las disfrutemos, y nos pide que demos de la abundancia de nuestro tesoro, siendo ricos en buenas obras, entregándonos y sirviendo a los demás.

Es obvio que el Señor está preocupado por la condición de nuestro corazón y con nuestras actitudes. No hay nada malo en tener dinero. Dios no está detrás de nuestra cuenta bancaria o de nuestro dinero. Un pastor amigo mío me dijo hace años: "¡Cuando Dios quiere tu atención, muchas veces simplemente tira de tu billetera!". Eso tiende a llamar nuestra atención porque nuestros corazones están conectados a nuestras posesiones. Es interesante que Él no dice: "Donde esté tu corazón, allí estará tu tesoro". No. Es donde está tu tesoro, que encontrarás tu corazón conectado a él. Dios esta detrás del corazón.

Mamón o Dios

Mateo 6:22-23 dice: "La lámpara del cuerpo es el ojo. Por tanto, si tu ojo es bueno, todo tu cuerpo estará lleno de luz. Pero si tu ojo es malo, todo tu cuerpo estará lleno de tinieblas. Por tanto, si la luz que hay en ti son tinieblas, ¡qué grandes son esas tinieblas!". Cuando leemos esto en su contexto y miramos la Escritura, vemos que está hablando de tesoros. Jesús está hablando de nuestro enfoque, de aquello en lo que estamos enfocados.

Somos cambiados de gloria en gloria al contemplarle. Somos cambiados por aquello en lo que nos enfocamos. La lámpara del cuerpo es el ojo, y si tus ojos se enfocan en la luz, las Escrituras dicen que todo tu cuerpo estará lleno de luz y claridad. Por el contrario, si te enfocas en cosas que son negativas, entonces va a producir resultados negativos. Este principio se aplica a todo. Se trata de concentrarse, porque aquello en lo que te concentras se convierte en tu lugar de adoración y tu corazón lo sigue. Sí, donde esté tu tesoro, allí estará también tu corazón. Nuestro enfoque debe estar en Dios, que es un Padre bueno y generosamente nos da todas las cosas para disfrutar.

La lucha es que no podemos servir a dos amos. Muchos no lo creen, pero es verdad. "Nadie puede servir a dos señores; porque o aborrecerá a uno y amará al otro, o será leal a uno y despreciará al otro. No podéis servir a Dios y a las riquezas" (Mateo 6:24). Nuestros corazones no pueden estar completamente dedicados a Dios si nuestros corazones están centrados en el dinero, el éxito, las pasiones, los deseos egoístas, las posesiones o cualquier otra cosa. ¿A qué amo prefieres servir?

No veo en ninguna otra parte de las Escrituras que se personifique el pecado. Aquí tiene un nombre. Mamón era una deidad Babilónica. La palabra significa básicamente dinero. Asi que lo que Jesús está diciendo aquí es que hay una competencia entre Dios, que es Espíritu, y mamón, que tiene una conexión espiritual detrás de él. Tienes que hacer una elección. Tienes que entender que no puedes servir a ambos. El espíritu de mamón es el enemigo que es un mentiroso y un calumniador y quiere gobernar sobre ti y dominarte. El diablo hará todo lo que pueda para atraparte en el engaño y destruir tu vida.

Su Valía y Su Valor

Veamos Mateo 6:25-29. He aquí una admonición y un estímulo asombrosos.

> "Por eso os digo: No os preocupéis por vuestra vida, por lo que comeréis o beberéis; ni por vuestro cuerpo, por lo que os vestiréis. ¿No es la vida más que el alimento y el cuerpo más que el vestido? Mirad las aves del cielo, que ni siembran, ni siegan, ni recogen en graneros; pero vuestro Padre celestial las alimenta. ¿No valéis vosotros más que ellas? ¿Quién de vosotros puede aumentar su estatura un codo con su afán?
>
> Entonces, ¿por qué te preocupas por la ropa? Considerad los lirios del campo, cómo crecen: no trabajan ni hilan; y sin embargo os digo que ni Salomón con toda su gloria se vistió como uno de ellos."

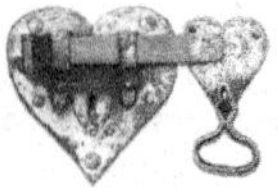

"¿No sois más valiosos que las aves del cielo?"

"¿No tienes tú más valor que ellos?" Es una pregunta interesante. ¿Te das cuenta de cuánto nos bombardean todos los días con la pregunta de cuán valiosos somos?Matamos a miles de bebés inocentes, pero si matas a un búho chillón o a alguna otra especie en peligro de extinción, te metes en un buen lío. Cómo nos atrevemos a maltratar a un animal, pero abortamos bebés sin piedad y lo llamamos nuestro "derecho". ¿Entiendes lo retorcido que es todo esto? Es el mismo espíritu detrás de mamón.

¿No eres más valioso que los pájaros? ¡SÍ! En caso de que no hayas oído la respuesta, ¡SI! Otra pregunta que se hace aquí es si estar ansioso puede añadir un codo a tu estatura. ¿De verdad crees que preocuparse produce algo positivo? Ni por un momento. Es un ladrón que viene a robarnos la vida. Nos ata al temor de que no tendremos suficiente o que no podremos pagar nuestras cuentas, poner comida en la mesa, cuidar de nuestra familia, y así sucesivamente.

¿Ha visto en la televisión los anuncios de planes de jubilación? ¿Tiene suficiente? ¿Qué va a hacer? ¿Quién cuidará de usted? Ellos lo harán, sólo tienes que invertir con ellos.

Eso no es lo que dice la Palabra de Dios. *Consideremos los lirios del campo.* Es una declaración tan poderosa aquí, una promesa de que el Dios del universo se preocupa más por nosotros que cualquier otra cosa y Él proveerá para todas nuestras necesidades. Él provee para los pájaros y ellos no hacen nada. Él cuida de las flores y de los árboles que se engalanan de belleza. Él crea y hace crecer las cosas para que las disfrutemos. Luego nos dice: "No te preocupes por lo que vas a comer o por lo que te vas a poner; yo me encargo de esto. Te quiero más que esto". Y lo hace. Es un Padre bueno.

En los versículos 30-32, Jesús subraya Su compromiso con Sus hijos y Su deseo de que confiemos en Él y estemos libres de preocupaciones.

> Pues si Dios viste así a la hierba del campo, que hoy es y mañana se echa en el horno, ¿no os vestirá mucho más a vosotros, hombres de poca fe? No os preocupéis, pues, diciendo: "¿Qué comeremos?", "¿Qué beberemos?" o "¿Qué nos pondremos?". Porque los gentiles buscan todo esto. Vuestro Padre celestial sabe que tenéis necesidad de todo esto.

Su conocimiento de nuestras necesidades va acompañado de Su deseo de satisfacerlas, y en ello podemos tener paz y seguridad.

Postura de Oración

Veamos Mateo 6:6-8, donde Jesús habla sobre la oración y cómo posicionarse y preparar tu corazón. "Mas tú, cuando ores, entra en tu aposento, y cerrada la puerta, ora a tu Padre que está en secreto; y tu Padre que ve en lo secreto te recompensará en público.

> [7] Y orando, no uséis vanas repeticiones, como los gentiles, que piensan que por su palabrería serán oídos. [8] No os hagáis, pues, semejantes a ellos; porque vuestro Padre sabe de qué cosas tenéis necesidad, antes que vosotros le pidáis."

Cuando Jesús habla aquí de la oración, ¿qué les dice? Les dice que no usen un montón de palabras ni divaguen. Dense cuenta de que su Padre celestial ya sabe lo que necesitan y todo lo que está sucediendo. El conoce cada problema, cada preocupación, la desesperación, el temor, el corazón quebrantado-todo. No necesitas preocuparte demasiado por estos problemas ni pasar mucho tiempo orando sobre ellos. Él conoce todos los ayeres, los hoyes y los mañanas. Él lo sabe todo, desde el principio hasta el final. Él nos creó a cada uno de nosotros y conoce nuestras necesidades. Es un buen Padre. Pero nos pide que confiemos en Él y estemos contentos con lo que tenemos, con lo que Él nos ha dado. Él quiere nuestro corazónes.

Relaciones en Pacto

En los últimos versículos de Mateo 6, Dios habla de una relación de alianza que tiene con nosotros. "Buscad primero el Reino de Dios y su justicia y todo esto se os dará por añadidura". Cuando un hombre y una mujer entran en un pacto, son dos personas que se unen e intercambian sus votos. En esos votos, cada uno hace promesas al otro. En efecto, están comprometiendo todo lo que tienen el uno con el otro, prometiendo estar ahí en los buenos y en los malos momentos, en lo bueno y en lo malo, en la riqueza y en la pobreza, en la salud y en la enfermedad.

El matrimonio es más que un acuerdo o un contrato, aunque muchos contratos son vinculantes. Es un pacto espiritual en el que entramos por fe, con un compromiso de todo corazón. Este pacto de Mateo 6:33 es un pacto entre el Padre, Jesús, el Espíritu Santo y NOSOTROS. Y es un pacto mejor, dice la Palabra, basado en mejores promesas. No se basa en que cumplamos la ley o seamos perfectos. No, se basa en la obra terminada de Jesús en la Cruz, habiendo cumplido todos los requisitos de la ley.

En cambio, Jesús habla de los gentiles que no están en el pacto. "Por tanto, no os preocupéis diciendo: "¿Qué comeremos?" o "¿Qué beberemos?". Porque los gentiles buscan todas estas cosas" (Mateo 6:31-32). Los gentiles no eran judíos, y Él les está diciendo que tienen motivos para preocuparse y que más vale que se apresuren porque no tienen un pacto -con Dios prometiendo cuidar de ellos.

"El corazón de todo creyente es probado y pesado en las ccosas que atesoramos".

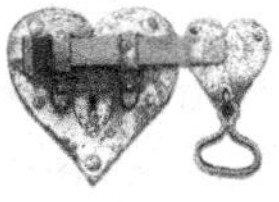

En la historia de la mujer de Canaán, Jesús se asombra de la fe de esta mujer, una gentil que no está en pacto. Los discípulos se inquietan porque ella está insistiendo con Jesús y quieren que Él la haga irse.

> "...Entonces acercándose sus discípulos, le rogaron, diciendo: Despídela, pues da voces tras nosotros. Él respondiendo, dijo: No soy enviado sino a las ovejas perdidas de la casa de Israel. Entonces ella vino y se postró ante él, diciendo: ¡Señor, socórreme! Respondiendo él, dijo: No está bien tomar el pan de los hijos, y echarlo a los perrillos. Y ella dijo: Sí, Señor; pero aun los perrillos comen de las migajas que caen de la mesa de sus amos. Entonces respondiendo Jesús, dijo: Oh mujer, grande es tu fe; hágase contigo como quieres. Y su hija fue sanada desde aquella hora."

El mensaje que Jesús quiere transmitir es claro. El Padre cuidará de Sus hijos. No ha retenido nada: nos ha dado el mayor regalo: Su Hijo. No ha reservado nada. Él es un Dios que cumple Su pacto, ama sin límites, y somos herederos de Su Reino. Todo esto es una consecuencia de nuestra relación con Él; es parte del paquete completo.

Ponlo a Él en Primer Lugar

Tiene que empezar por ponerle a Él en primer lugar. Debemos poner nuestro corazón y nuestra mirada en Él, buscar primero el avance del Reino y una relación correcta con Él. Si lo hacemos, Él promete que *todas estas cosas te serán añadidas.*

¿Qué significa buscar al Señor? Significa buscar, anhelar y esperar Su presencia. En hebreo, la traducción de presencia es *rostro*, y eso significa estar ante Él, con Él, centrados en Él. Es poner la mente y el corazón en Dios; es un esfuerzo consciente para fijar nuestra atención y afecto en Él.

El amor de Dios por nosotros es infinito y más que cualquier otra cosa, Él quiere estar en una relación íntima con nosotros y capturar nuestros corazones. Él quiere que nos liberemos del amor de mamón y su destructividad y el temor de no tener suficiente. Quiere que confiemos en Él para nuestro mañana y que no estemos atados a la ansiedad y la preocupación por nuestras necesidades básicas. El salmista declara: "He sido joven, y ahora soy viejo; / pero no he visto al justo desamparado, / ni a sus descendientes mendigando pan" (Salmo 37:25).

Sí, mañana habrá preocupaciones y problemas. No sabemos lo que pasará mañana, la semana que viene o el año que viene. Vivimos en un mundo caído y el enemigo es el ladrón de nuestro pasado y nuestro mañana, siempre tratando de robar, matar y destruir.

Pero Jesús ha venido a liberarnos y a darnos una vida abundante. Nos invita a una relación de amor con Él para que pueda derramar sobre todos sus hijos e hijas las bendiciones que ha almacenado en el Cielo. "*Si le buscáis, Él será hallado por vosotros*" (1 Crónicas 18:9).

Dios quiere liberar a cada uno de nosotros: liberarnos de Mamón, de la preocupación y de enfocarnos en las cosas de la carne y en lo terrenal. Todo comienza con el arrepentimiento y el reconocimiento de que las cosas de este mundo han tenido un control sobre nuestras vidas y nos han atado a mentiras acerca del amor, la bondad y la provisión de Dios.

TÓMALO EN SERIO

Dios es un Padre perfecto, incomparable incluso con el padre terrenal más extraordinario. Su amor es eterno. Se te ha dado la oportunidad de entrar en una relación profunda y personal con el Dios del universo. Al considerar la naturaleza de este pacto, permíteme animarte a dar ese paso y a confiar plenamente en Él. Él está esperando para derramar Sus bendiciones sobre ti y darte abundantemente todas las cosas para que las disfrutes. Especialmente a Él.

LLÉVALO A DIOS

Querido Dios, me arrepiento de haber permitido que el temor controle mi vida y mis decisiones; de enfocarme en todas estas cosas terrenales y permitir que mamón (dinero) sea mi amo. Te pido que me perdones por no creer que Tú eres bueno y por no confiar en Tus caminos soberanos en mi vida y en mi corazón. Te entrego mi incredulidad, mis pensamientos erróneos, mis dudas y temores, y todos mis afectos mal dirigidos.

Te pido, Señor, que renueves mi corazón y mi espíritu y dirijas mi mirada hacia Ti. Quiero verte alto y exaltado, verte tal como eres: el Dios viviente y todopoderoso del Cielo y de la tierra que me ama sin medida y me ha prometido una relación profunda y duradera mientras busco primero Tu Reino.

Te amo, Te alabo y Te doy gracias por todo lo que aún has planeado para mí en una vida extraordinaria y bendecida como Tu hijo(a). En el nombre de Jesús. Amén.

CAPÍTULO DOS

REFERENCIAS BÍBLICAS

Mateo 6:19-21

Mateo 6:22-23

Mateo 6:25-29

Mateo 6:6-8

Mateo 6:31-33

Mateo 15:22-28

Salmo 37:25

1 Crónicas 18:19

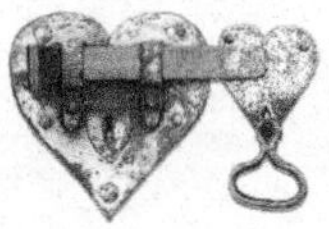

Principio de Primicias

El principio de las primicias está presente en todas las Escrituras. De hecho, la Biblia hace referencia a los primeros frutos, las primeras cosas, o las cosas consagradas no menos de 32 veces. Esto es fundamental para tener una vida exitosa y bendecida. ¿Por qué? Porque si Dios es primero en su vida, todo lo demás viene en orden. Mateo 6:33 declara, "Mas buscad primeramente el reino de Dios y su justicia, y todas estas cosas os serán añadidas". Cuando mantienes lo primero a través de la fe y la obediencia, conviertes las promesas de Dios en provisión.

Entonces, ¿cuál es el Reino de Dios que debemos buscar? Puede parecer una pregunta sencilla, fácil de explicar en términos religiosos, pero adquiere un significado más profundo cuando la ponemos en el contexto de una relación. Dios revela que se trata de Su gobierno y Su reinado en la tierra, sí, pero también en nuestros corazones. Es un sistema de vida diferente al del mundo: en la forma en que vemos la vida, tomamos decisiones, administramos nuestros recursos, llevamos nuestros negocios e incluso en la manera en que amamos.

El Padre quiere que entendamos que todo es Suyo para empezar. Utiliza palabras fuertes en Hebreo, diciendo: "Es Mío; Mi propiedad; Me pertenece". Él nos está dando mayordomía sobre la tierra y todo lo que posee. Sin embargo, Él nos pide, nos ordena, que la administremos conforme que la administremos conforme a Sus caminos — de acuerdo con los principios del Reino, no los del mundo.

"¿Dónde están guardados tus tesoros?"

¿Cómo lo hacemos? ¿Cómo ejercemos la mayordomía? ¿Cómo acumulamos tesoros en el Cielo? ¿Cómo nos aseguramos de que nuestros tesoros no están en la tierra? Comenzamos por buscarlo con todo nuestro corazón. Lo hacemos a Él nuestro enfoque cada día: en la oración, en la adoración y en nuestro tiempo en Su Palabra. Nuestros ojos y nuestros corazones se vuelven hacia Dios, y esperamos escuchar Su Palabra eterna hablándonos. Y de esa relación, llegamos a comprender Sus caminos .

De una manera muy importante, podemos ver la promesa que Dios ha establecido en Proverbios 3:9-10: "Honra a Jehová con tus bienes, y con las primicias de todos tus frutos; y serán llenos tus graneros con abundancia, y tus lagares rebosarán de vino nuevo.".

Honra al Señor con tus bienes y con las primicias de *todo* tu aumento. ¡Es una promesa poderosa, ¿verdad? Si lo honramos, lo ponemos en primer lugar y lo buscamos, Él añadirá a nuestras vidas todo lo que necesitamos y aún más

La Condición del Corazón

Veamos por un minuto la historia de Caín y Abel en Génesis 4:1-5 acerca de este principio.

> "Conoció Adán a su mujer Eva, y ella concibió y dio a luz a Caín, y dijo: la cual concibió y dio a luz a Caín, y dijo: 'He adquirido un varón de parte del Señor.' Después dio a luz a su hermano Abel. Abel fue pastor de ovejas, y Caín fue labrador de la tierra. Aconteció después de algún tiempo que Caín trajo del fruto de la tierra una ofrenda al Señor. También Abel trajo de los primogénitos de su rebaño y de su grasa. Y el Señor miró con

> agrado a Abel y a su ofrenda, pero no miró con agrado a Caín ni a su ofrenda. Y Caín se enojó en gran manera, y decayó su semblante."

Continúan los versículos 6-8:

> Entonces el SEÑOR dijo a Caín: "¿Por qué estás enojado? ¿Y por qué ha decaído tu semblante? Si haces bien, ¿no serás aceptado? Pero si no lo haces bien, el pecado está a la puerta; y su deseo es hacia ti, pero tú debes dominarlo".

Después habló Caín con su hermano Abel; y aconteció que estando ellos en el campo, se levantó Caín contra su hermano Abel y lo mató."

Utilizamos esta historia de la Biblia en nuestro seminario Realmente Libre cuando hablamos de puertas abiertas. El enemigo es despiadado en sus intentos de hacernos enojar o disgustar - una puerta abierta - y de actuar desde esos lugares de pecado y quebrantamiento. Aquí aprendemos que Caín mató a su hermano por celos y venganza.

Abel criaba ovejas y Caín era agricultor. Ambos comprendían el propósito de las primicias y las ofrendas al Señor. Abel, siguiendo el mandato de Dios, trajo los primogénitos de su *rebaño y de su grasa*, lo que significa que ofreció lo primero y lo mejor como ofrenda. Caín trajo una ofrenda del fruto de la tierra. Sin embargo, dice que 'aconteció después de algún tiempo', lo que ha dado a entender que Caín trajo su ofrenda algún tiempo después y posiblemente no fueron primicias. Hebreos 11:4 dice que la de Abel fue el sacrificio más excelente porque fue ofrecido con fe. Fue el estado de sus corazones lo que hizo la diferencia, aunque la de Caín pudo haber sido un regalo escaso de productos comunes y no de primicias.

La cuestión es realmente dónde estás en tu reconocimiento de Dios como proveedor. Dios está diciendo que quiere ser primero en nuestras vidas, primero en todo. Nos pide que consagremos a los primogénitos, como vemos en Éxodo 13: "todo lo que abra matriz entre los hijos de Israel, tanto de hombres como de animales." Esta es una manera de acumular tesoros en el Cielo. Al ofrecer a Dios las primicias de nuestro tiempo, de nuestros recursos o de nuestro aumento, lo honramos y ponemos nuestra confianza en Su bondad y en Su total fidelidad para proveer todas nuestras necesidades, siempre y cuando seamos buenos administradores de lo que Él nos ha dado.

Tomemos un momento para mirar más de cerca Éxodo 13:11–15.

> Y será cuando el Señor te haya introducido en la tierra de los cananeos, como te juró a ti y a tus padres, y te la haya dado, que dedicarás al Señor todo lo que abre matriz, todo primer nacido de tus animales; los machos serán del Señor. Pero todo primer nacido de asno redimirás con un cordero; y si no lo redimes, quebrarás su cuello. Y todo primogénito de hombre entre tus hijos redimirás.Y cuando mañana te pregunte tu hijo, diciendo: '¿Qué es esto?', le dirás: 'Con mano fuerte el Señor nos sacó de Egipto, de casa de servidumbre. Y aconteció que, endureciéndose Faraón para no dejarnos ir, el Señor mató a todo primogénito en la tierra de Egipto, así del hombre como de la bestia. Por eso yo sacrifico al Señor todo macho que abre matriz, pero redimo a todo primogénito de mis hijos.'"

La mayoría de nosotros recordamos la historia de la Pascua. Los hijos de Israel debían sacrificar un cordero y poner la sangre sobre los postes y el dintel de la puerta de sus casas. Cuando pasara el ángel de la muerte, vería la sangre y pasaría sobre ese lugar, y al destructor no sería permitido entrar . Fue un acontecimiento terrible; todos los primogénitos en Egipto murieron, tanto de hombres como de animales, y hubo gran llanto y lamento en toda la tierra."

Pero eso era lo que Dios había prescrito. Es un principio serio que Dios quiere que entendamos. Él no quiere nuestras sobras. Debemos traer lo primero de todo, y eso comienza con buscarlo a Él primero. Si queremos experimentar las recompensas más altas de Dios, entonces tenemos que seguir Sus principios.

> ***"Jesús fue el sacrificio de primicias del Padre".***

Este principio de las primicias fue establecido soberana y eternamente por Dios, el Padre, al dar a Su Hijo primogénito, Jesús, para morir en la Cruz por cada uno de nosotros. Él demostró cómo debemos dar y amar al no escatimar ni siquiera a Su propio Hijo . Jesús fue el sacrificio, el Cordero inmaculado inmolado por el mundo. En Su muerte, pagó el precio de nuestra maldad y pecado y nos redimió de la sentencia de muerte.

Colosenses 1:15-18 dice:

> Él es la imagen del Dios invisible, el primogénito sobre toda la creación. Porque en Él fueron creadas todas las cosas que están en los cielos y en la tierra, visibles e invisibles, sean tronos, sean dominios, sean principados, sean potestades. Todas las cosas fueron creadas por medio de Él y para Él. Y Él es antes de todas las cosas, y en Él todas las cosas subsisten. Y Él es la cabeza del cuerpo que es la Iglesia, Él que es el principio, el primogénito de entre los muertos, para que en todo tenga la preeminencia.

Dios dio el ejemplo en Jesús. Él es el primogénito de toda la creación. Fue el sacrificio y el primogénito de entre los muertos. Este es el principio que se presenta nuevamente en Levítico 27:28-33, donde se define la redención de personas y propiedades dedicadas a Dios

> "Pero no se venderá ni se rescatará ninguna cosa consagrada, que alguno hubiere dedicado a Jehová; de todo lo que tuviere, de hombres y animales, y de las tierras de su posesión, todo lo consagrado será cosa santísima para Jehová. Ninguna persona

> separada como anatema podrá ser rescatada; indefectiblemente ha de ser muerta. Y el diezmo de la tierra, así de la simiente de la tierra como del fruto de los árboles, de Jehová es; es cosa dedicada a Jehová. Y si alguno quisiere rescatar algo del diezmo, añadirá la quinta parte de su precio por ello. Y todo diezmo de vacas o de ovejas, de todo lo que pasa bajo la vara, el diezmo será consagrado a Jehová. No mirará si es bueno o malo, ni lo cambiará; y si lo cambiare, tanto él como el que se dio en cambio serán cosas sagradas; no podrán ser rescatados."

Esta puede ser una de las razones por las que no leemos Levítico muy a menudo: ¡es difícil! Pero una vez más, en estos versículos, Dios está diciendo que Sus caminos no son nuestros caminos y Sus pensamientos no son nuestros pensamientos. Nunca encontrarás a Dios diciendo: "¡Oh, nunca pensé en eso!" Él ha pensado en todo desde antes del tiempo y en la eternidad. Él es omnisciente, omnipotente y omnipresente. Sólo necesitamos llegar a un lugar de confianza en Él, dándole honor, y haciéndolo primero y preeminente en todas las cosas. Si hacemos eso, y vivimos por los principios en Su Palabra, veremos todo lo que le hemos dado redimido.

¿Recuerdas la historia de Jericó en Josué 6 cuando los hijos de Israel marcharon alrededor de la ciudad tocando trompetas y adorando? La ciudad de Jericó cayó milagrosamente, pero Dios les dijo que no tomaran nada del botín. El dijo, "Jericó es Mío, y quiero que maten a todos los que estén allí y que traigan toda la plata y el oro, y los coloquen en el tesoro del Señor. Es Mío." ¿Por qué? Porque fue la primera ciudad conquistada en la Tierra Prometida —¡las primicias! Pero las cosas se torcieron. Una persona en el campamento, llamada Acán, tomó para sí algunas de las posesiones consagradas." Entonces los israelitas fueron a conquistar a Hai pero fueron derrotados. Josué se presentó ante el Señor y le preguntó a Dios qué estaba sucediendo porque Dios les había prometido la victoria. Dios le reveló que había pecado en el campamento y que alguien había tomado las cosas prohibidas.

Entonces Josué reunió a los jefes de todas las familias y Acán confesó, diciendo que había codiciado la plata y robado al Señor las cosas consagradas. Como resultado de esa desobediencia y engaño, Acán y toda su familia fueron apedreados hasta morir. Aquel lugar fue señalado con un montón de piedras, que la Biblia dice *que* aún permanece *hasta el día de hoy* y se llama el Valle de Acor.

Una Mentalidad de Generosidad

En el próximo capítulo abordaremos en profundidad el tema del diezmo, pero quería ofrecer una introducción a este asunto y compartir con ustedes una historia que escuché del Obispo Joseph Garlington, fundador de la Iglesia del Pacto (Covenant Church) en Pittsburgh, Pensilvania, una comunidad de creyentes multirracial y transcultural. El Obispo Garlington habló sobre los vecindarios empobrecidos y las iglesias en esas áreas. Dijo: "Hablo sobre el dinero y trato de llevar a nuestra gente a una mentalidad de dar y diezmar. Les digo: miren, si tienen el dinero de Dios en el bolsillo, ¡cuidado, que puede que pierdan la pierna de un momento a otro! Esa cosa 'consagrada' se va a quemar; se va a destruir. Si tienen el dinero de Dios en su cuenta bancaria, ¡también puede quemarse!" Contó que había personas que iban a la iglesia en medio de la noche para deslizar su dinero bajo la puerta. Ja-ja —¡no estoy seguro de que esa sea la mejor manera de enseñar sobre el diezmo! Sin embargo, el punto es comprender el principio del diezmo. Ya sea la semilla de la tierra o el fruto del árbol, pertenece al Señor y es santo para Él, destinado a ser dedicado a Él.

Dios considera el diezmo como santo, lo que significa que está apartado y consagrado. En Deuteronomio 26:1-2, Dios dice,

> "Y será que cuando entres en la tierra que el SEÑOR tu Dios te da como herencia, y la poseas y habites en ella, tomarás de los primeros frutos de toda la tierra que saques de tu tierra, que el SEÑOR tu Dios te da, y los pondrás en una canasta y los llevarás al lugar que el SEÑOR tu Dios escoja para que su nombre habite... Y dirás delante de Jehová tu Dios: He sacado lo consagrado de mi casa, y también lo he dado al levita, al extranjero, al huérfano y a la viuda, conforme a todo lo que me has mandado; no he transgredido tus mandamientos, ni me he olvidado de ellos. No he comido de ello en mi luto, ni he gastado de ello estando yo inmundo, ni de ello he ofrecido a los muertos; he obedecido a la voz de Jehová mi Dios, he hecho conforme a todo lo que me has mandado. Mira desde tu morada santa, desde el cielo, y bendice a tu pueblo Israel, y a la tierra que nos has dado, como juraste a nuestros padres, tierra que fluye leche y miel.

Incluso 430 años antes de que la Ley Mosaica estableciera el diezmo, Abraham y Jacob dieron diezmos a Dios, de corazón y con agradecimiento por la bondad de Dios en sus vidas. El diezmo es, de hecho, algo del corazón. Dios sabe que nuestro corazón se apega a los tesoros, y Él quiere ser nuestra posesión más valiosa. Es un acto de honrarlo, confiar en Él, y reconocer que todas las provisiones que tenemos vienen en última instancia de Su mano. Él desea santificar y redimir lo que diezmamos de regreso a Él y bendecirnos abundantemente. Sí, Él es un buen, buen Padre .

> "Y todo diezmo de vacas o de ovejas, de todo lo que pasa bajo la vara, el diezmo será consagrado a Jehová. [33] No mirará si es bueno o malo, ni lo cambiará; y si lo cambiare, tanto él como el que se dio en cambio serán cosas sagradas; no podrán ser rescatados." Levítico 27:32-33

Esta Escritura tenía un significado claro para el pueblo de Israel, que en gran medida era una sociedad y economía agraria, muy diferente de la mayoría de nosotros hoy en día. El requisito del diezmo se entendía. La primera oveja que pasaba debía ser del Señor, sacada del redil y sacrificada como ofrenda.

"La provisión de Dios está ligada a nuestra obediencia".

Pero imagina que eres un pastor de ovejas y piensas: "Nadie está mirando, y la séptima está un poco coja. Creo que voy a cambiarla y ofrecer a esta. De todos modos la vamos a sacrificar; ¿por qué matar un cordero perfectamente bueno?" Este razonamiento no se alinea con el de Dios. Él dice que los caminos del hombre no son Sus caminos. Es cierto, puede que no tenga sentido, especialmente si lo estás viendo como un negocio. ¿Qué pasa si la mayoría de las ovejas están cojas, pero Dios recibe las buenas? Ahí está el problema.

Esta Escritura tenía un significado claro para el pueblo de Israel, que en gran medida era una sociedad y economía agraria, muy diferente de la mayoría de nosotros hoy en día. El requisito del diezmo se entendía. La primera oveja que pasaba debía ser del Señor, sacada del redil y sacrificada como ofrenda.

Pero imagina que eres un pastor de ovejas y piensas: "Nadie está mirando, y la séptima está un poco coja. Creo que voy a cambiarla y ofrecer a esta. De todos modos la vamos a sacrificar; ¿por qué matar un cordero perfectamente bueno?" Este razonamiento no se alinea con el de Dios. Él dice que los caminos del hombre no son Sus caminos. Es cierto, puede que no tenga sentido, especialmente si lo estás viendo como un negocio. ¿Qué pasa si la mayoría de las ovejas están cojas, pero Dios recibe las buenas? Ahí está el problema.

El diezmo está directamente relacionado con el ciclo de las bendiciones y la abundancia. Dios no quiere retener. Él tiene cosas buenas reservadas para Sus hijos y Él es fiel, pero Su provisión está ligada a nuestra mayordomía y a nuestro compromiso de honrar y obedecer Sus principios en Su Palabra.

Provisión Única

En 1 Reyes 17:1-16, tenemos una historia sobre Elías, el tisbita. Y Elías, el tisbita, que era de los moradores de Galaad, dijo a Acab: "Vive Jehová, Dios de Israel, en cuya presencia estoy, que no habrá lluvia ni rocío en estos años, sino por mi palabra".

> Luego vino a él palabra del Señor, diciendo: "Apártate de aquí, dirígete hacia el oriente y escóndete junto al arroyo de Querit, que está frente al Jordán. Beberás del arroyo, y Yo he ordenado a los cuervos que te sustenten allí".
>
> Entonces él fue e hizo conforme a la palabra del Señor; pues fue y habitó junto al arroyo de Querit, que está frente al Jordán. Y los cuervos le traían pan y carne por la mañana, y pan y carne por la tarde; y bebía del arroyo. Pero sucedió que, pasado algún tiempo, el arroyo se secó, porque no había llovido en la tierra.

¡Esa no es una buena situación! Esta es una de esas historias en la Biblia en las que uno termina sin entender muy bien de qué se trata. Permíteme ponerlo en perspectiva de una manera personal.

¿Cuántas veces has estado en situaciones o temporadas en las que estabas convencido de que Dios te había hablado, te había dado dirección y te había dicho algo que debías hacer? Cumpliste con ello. Y las cosas parecían funcionar, y te sentías confiado de haber escuchado Su voz. Pero, increíblemente, todo se vino abajo; el arroyo se secó.

Quizás fue un trabajo, una carrera, una nueva relación, una donación a un ministerio o una mudanza. Lo que parecía ser lo correcto, lo que mostraba promesa, terminó abruptamente. Se fue.

Pero, como vemos en los siguientes versículos, Dios seguía siendo fiel. Sí, el arroyo se secó, pero Dios le dio a Elías una continuación de la palabra que le había hablado (versículos 8-12):

> Entonces vino a él palabra del Señor, diciendo: "Levántate, vete a Sarepta de Sidón y mora allí; he aquí, yo he ordenado a una viuda que te sustente". Entonces él se levantó y se fue a Sarepta. Y cuando llegó a la puerta de la ciudad, he aquí una viuda que estaba allí recogiendo leña; y la llamó, y le dijo: "Te ruego que me traigas un poco de agua en un vaso, para que beba".
>
> Y yendo ella para traérsela, él la volvió a llamar y le dijo: "Te ruego que me traigas también un bocado de pan en tu mano". Y ella respondió: "Vive Jehová tu Dios, que no tengo pan cocido; solamente un puñado de harina tengo en la tinaja, y un poco de aceite en una vasija; y ahora recogía dos leños para entrar y prepararlo para mí y para mi hijo, para que lo comamos y nos dejemos morir".

Aquí nuevamente, no parece haber mucha provisión. ¿Cuántas veces nos hemos lamentado por circunstancias similares? Las finanzas se han agotado, el trabajo ha sido recortado, las reparaciones del automóvil están fuera del presupuesto, y no hay esperanza ni dinero.

Vivimos en un mundo y en una época en que las economías suben y bajan, y todo se siente muy incierto, nada seguro. Luego perdemos el trabajo, o llega el COVID, y todo se cierra y se paraliza. La vida se vuelve muy difícil, y nos encontramos en la desesperación.

Mi hermano es un ejemplo perfecto de esto. Él vive en California y trabajaba para una empresa en Dallas que tenía cerca de 7,000 empleados. Su compañía generaba entre uno y dos mil millones de dólares al año en ventas dentro del negocio de convenciones. Era una empresa fenomenal, sumamente rentable.

Pero entonces llegó el COVID, y la compañía colapsó; no tuvo absolutamente ninguna venta. ¡Cero! Pasaron de 1.7 mil millones de dólares al año a nada. Decidieron mantener a unas 200 personas, pero todos los demás fueron despedidos.

La conclusión es que no se puede confiar en el dinero, en el hombre ni en el sistema. Simplemente no se puede poner la esperanza y la confianza en cosas temporales.

Seguro que esta viuda estaba desesperada. Puede que haya habido momentos en los que te hayas sentido como ella: que no había salida ni posibilidad de convertir esta situación en algo positivo. Si vives mirando tu cuenta bancaria o tu 401(k), si confías en tu trabajo o en tu habilidad para hacer que las cosas sucedan, probablemente te sentirás extremadamente decepcionado en algún momento. El enemigo viene a robar, matar y destruir-lo hemos visto suceder una y otra vez. Pero si nuestro corazón y nuestro enfoque está en las cosas terrenales, no tendremos la provisión o protección sobre nuestros recursos que están guardados en la tesorería y cuenta de Dios para nosotros.

En el versículo 13 Elías le dice "No temas; ve y haz lo que has dicho, pero hazme primero una tortita pequeña de ella y ; y después haz un poco para ti y para tu hijo ". ¿Por qué dice: "No temas"? Porque el temor es el enemigo que te pone en esclavitud e incredulidad. El temor dice: "No puedo dar; no tengo suficiente; no quedará nada para mí; tú no entiendes."

Elías reconoce su temor, pero la desafía a responder a su petición "primero... tráemelo". Aquí, en los versículos 14-15, está el principio de honrar a Dios, obedecer y confiar en que Él proveerá

> Porque Jehová Dios de Israel ha dicho así: La harina de la tinaja no escaseará, ni el aceite de la vasija disminuirá, hasta el día en que Jehová haga llover sobre la faz de la tierra.
> 15 Entonces ella fue e hizo como le dijo Elías; y comió él, y ella,
> y su casa, muchos días. 16 Y la harina de la tinaja no escaseó, ni
> el aceite de la vasija menguó, conforme a la palabra que Jehová había dicho por Elías. "El temor es el enemigo y el espíritu de Mamón nos miente y quiere mantener al pueblo de Dios en servidumbre a él. El miedo promete realización y éxito, riquezas y felicidad, pero no entrega nada. Dios nos ofrece verdadera paz, provisión, alegría y una relación de alianza con Él. Su amor es eterno. Razón de más para honrarle con todas nuestras posesiones y llevar ante Él nuestras primicias.

♥ TÓMALO EN SERIO

Puede que te hayas encontrado en situaciones difíciles donde los recursos simplemente no estaban disponibles, y tuviste que enfrentar decisiones muy dificiles o te encontrabas en lo más profundo del temor y la desesperación. No estás solo. A lo largo de la Palabra de Dios, Él revela en las historias y en las promesas que Él escucha nuestro clamor y es fiel para suplir nuestras necesidades.

Quizás sea momento de reconsiderar y reevaluar las creencias y el fundamento sobre los cuales has estado viviendo tu vida. Tómate unos minutos para orar y pedirle a Dios que te revele aquellas áreas en las que tu corazón y tu alma no han estado alineados con el Suyo.

LLÉVALO A DIOS

Entrego mi corazón y pongo mi confianza en Tu bondad sobre mi vida. En el nombre de Jesús. Amén.

Amado Dios, hay tantas áreas en las que he permitido que el temor me domine y que el espíritu de Mamón controle mis decisiones y me mantenga cautivo. Perdóname por enfocarme en las cosas terrenales y no en Tu Reino, por no haberte buscado primero y no haberte dado el lugar de honor en mi vida que solo Tú mereces.

Gracias por amarme y por Tu abundante provisión para todas mis necesidades, confomre a Tus riquezas en gloria en Cristo Jesús. Ayúdame a entender cómo ser un siervo y un fiel administrador de todo lo que me has dado. Crea en mí un verdadero corazón generoso para que pueda dar y no retener por temor.

Entrego mi corazón y pongo mi confianza en Tu bondad sobre mi vida. En el nombre de Jesús. Amén.

CAPÍTULO TRES

REFERENCIAS BÍBLICAS

Mateo 6:33

Proverbios 3:9-10

Génesis 4:1-5

Hebreos 11:4

Éxodo 13:1-2, 11-15

Colosenses 1:15-18

Levítico 27:28-33

Deuteronomio 26:1-2

1 Reyes 17:1-16

100
LB45440078L
100

100
100

Diezmos y Ofrendas

No podemos hablar de finanzas en sin hablar del diezmo. La palabra diezmo proviene de una raíz del inglés antiguo que significa una décima parte. Es la traducción inglesa del grupo de palabras hebreas *asar* del Antiguo Testamento. El diezmo era una ofrenda al Señor como expresión de agradecimiento y dedicación. En la economía agrícola del Antiguo Testamento, los diezmos no se pagaban en efectivo ni en oro, sino en cosechas o ganado, ya que sólo se diezmaba el fruto agrícola de la tierra prometida, no otras formas de ingresos. Los diezmos fueron entregados por los patriarcas Abraham y Jacob. Se instituyó un sistema de diezmos en la ley de Dios dada a través de Moisés, y los profetas reprendieron a los hijos de Israel por no dar el diezmo a Dios.

> "Porque yo Jehová no cambio; por esto, hijos de Jacob, no habéis sido consumidos. Desde los días de vuestros padres os habéis apartado de mis leyes, y no las guardasteis. Volveos a mí, y yo me volveré a vosotros, ha dicho Jehová de los ejércitos. Mas dijisteis: ¿En qué hemos de volvernos? ¿Robará el hombre a Dios? Pues vosotros me habéis robado. Y dijisteis: ¿En qué te hemos robado? En vuestros diezmos y ofrendas. Malditos sois con maldición, porque vosotros, la nación toda, me habéis robado."
>
> Malaquías 3:6-9

El profeta Malaquías escribió esas antiguas palabras durante una época de grandes dificultades en Israel, cuando el pueblo de Dios se sometía literalmente a la esclavitud sólo para sobrevivir (Nehemías 5:1-5). Abrumado por circunstancias dolorosas, el pueblo permitió que una mente carnal gobernara. Empezaron a razonar: "¿Cómo podemos dar ofrendas y diezmos a Dios cuando estamos bajo tanta presión?" Entonces, dejaron de dar sus diezmos.

A lo largo del Antiguo Testamento, leemos relatos históricos de reyes y sus reinos, especialmente los reyes de Israel, que fueron sometidos a severos juicios y penurias porque habían dejado de diezmar o de honrar el sábado y al Señor. Los hijos de Israel fueron llevados cautivos a Babilonia porque estaban en tal desobediencia a Dios y Sus caminos. Pero cada vez que hubo prosperidad y avivamiento en Israel, fue porque habían restaurado el diezmo y el sacerdocio y restablecido el sábado como día santo para el Señor.

Detengámonos aquí por un minuto y concentrémonos en la declaración de Dios en el versículo seis de que Él no cambia. Él es el Señor y es el mismo ayer, hoy y siempre, como dice en Hebreos. Esto es muy importante porque trae estabilidad y seguridad a nuestras vidas. Él no se levanta malhumorado ni cambia de parecer. Él es perfecto y constante, y podemos confiar en Él. Él es bueno y Su bondad *es eterna*.

Quiero aclarar que Dios no va por ahí maldiciendo a la gente. Todo lo contrario. El quiere bendecir y Su deseo es proveer un camino para que caminemos en Sus bendiciones. Como se ha mencionado, Dios nos ha dado todos los recursos para que los administremos y seamos buenos mayordomos de ellos para Él; y si lo hacemos, recibiremos todo el aumento y la provisión que Él ha reservado para nosotros.

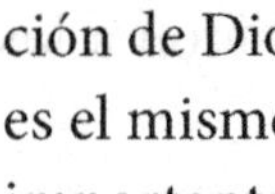

Es extraño considerar que podemos haber 'robado a Dios'".

Sin embargo, Dios ha establecido unos principios que debemos seguir. Si nos mantenemos dentro de sus ordenanzas y Su deseo para nosotros, permaneceremos dentro de Su ámbito de bendición. Es extraño considerar que podemos haber "robado a Dios," pero Él aborda esto al decir que Su expectativa es que todos-la nación entera-debe traer todos los diezmos al alfolí para que pueda haber alimento en Su casa, y así Él pueda bendecir a Su pueblo.

> "Traed todos los diezmos al alfolí y haya alimento en mi casa; y probadme ahora en esto, dice Jehová de los ejércitos, si no os abriré las ventanas de los cielos, y derramaré sobre vosotros bendición hasta que sobreabunde. Reprenderé también por vosotros al devorador, y no os destruirá el fruto de la tierra, ni vuestra vid en el campo será estéril, dice Jehová de los ejércitos. Y todas las naciones os dirán bienaventurados; porque seréis tierra deseable, dice Jehová de los ejércitos." Malaquías 3:10-12

> "Honra al Señor con tus bienes y con las primicias de todos tus frutos; Y serán llenos tus graneros con abundancia, Y tus lagares rebosarán de mosto." Proverbios 3:9-10

> "Y el diezmo de la tierra, así de la simiente de la tierra como del fruto de los árboles, de Jehová es; es cosa dedicada a Jehová." Levítico 27:30

Propósito del Diezmo

En el Antiguo Testamento se mencionan tres tipos de diezmos:

1. El diezmo levítico o sagrado (Números 18: 21, 24)
2. El diezmo de las fiestas (Deuteronomio 14:22-27)
3. El diezmo para los pobres (Deuteronomio 14:28, 29)

El primer diezmo se daba a los levitas y sacerdotes por su servicio a Dios, a su pueblo y al templo, el Tabernáculo. Ellos no poseían tierras ni tenían ninguna herencia, por lo que Dios ordenó que la primera décima parte fuera para ellos. Es este diezmo el que continuamos dando bajo hoy, el sacerdocio de Melquisedec en el Nuevo Testamento, consagrado a Dios con el propósito de promover el Evangelio del Señor Jesucristo

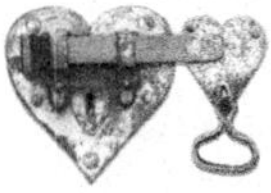

"El segundo diezmo era para un plan de ahorro... unas vacaciones".

El segundo diezmo era como un plan de ahorro. Era designado o apartado para asegurar que las familias y los hogares en Israel pudieran viajar a Jerusalén para la Pascua y las fiestas mayores, como los Tabernáculos y Pentecostés, y disfrutar de su tiempo juntos. Debía ser un tiempo espiritualmente refrescante. Este diezmo se recogía tres veces al año.

El tercer diezmo se recogía cada tercer año y se destinaba específicamente a los pobres. Era para el extranjero, el huérfano y la viuda. Era un proyecto comunitario, y todos tenían que contribuir.

Al mirar todo este diezmo podrías decir: "¡Vaya, eso es mucho dar, eso es mucho dinero!". Cierto, si estás pensando que el dinero te pertenece, que es tuyo. Pero es de Dios y Él te lo ha dado para administrar y manejar, y así es como Él quiere que se gaste. El hermoso resultado se encuentra dentro de la promesa que Él hace de que si lo honramos y seguimos Sus caminos, Él "abrirá las ventanas del Cielo y derramará sobre ti una bendición incontenible." ¿Lo crees? ¿Estás dispuesto a tomarle la palabra?

Dios dice que cuando diezmamos, se desbloquea algo en el reino espiritual que permite que Él comience a actuar en nuestro favor. Él trabaja a través de nuestra entrega y nuestra confianza en que Él proveerá para nuestra vida. El redime lo que le damos y lo multiplica, de manera que el 90% de lo que tenemos rinde más que el 100%. Sabes, tome muchas clases de matematicas en la universidad, y eso no tiene sentido financieramente, ¡pero sé que funciona! ¡Su Palabra funciona!

Seamos honestos, Dios no necesita tu dinero. Él lo posee todo. Es dueño del ganado en mil colinas. Usa el oro para pavimentar las calles del Cielo. Dios declara: "Toda bestia del bosque es mía, el ganado en mil colinas. Conozco todas las aves de las colinas, y todo lo que se mueve en el campo es mío. Si tuviera hambre, no te lo diría, porque mío es el mundo y su plenitud." Salmo 50:10-12

Para la mente natural, no tiene sentido, especialmente si una persona está luchando por vivir con sus ingresos y lo que tiene. La gente me dice todo el tiempo: "No puedo diezmar; apenas puedo vivir con lo que tengo ahora. ¿Por qué daría aún más?" Así es, ¿y sabes algo? Nunca lo harás, porque los caminos de Dios no son tus caminos. Se trata de entender que cuando nos alineamos con Dios y Sus principios, encontraremos nuestras vidas bendecidas.

Recuerdo a un hombre llamado Wayne Meyers, evangelista y predicador, que hablaba a menudo en el Instituto Cristo para las Naciones. Era un famoso misionero y viajaba por todo el mundo. El conto la historia de predicar todo lo que sabia predicar lo mas fuerte que podia mientras estaba en Mexico en algunas areas mas rurales. Dijo que el Señor le habló un día y le dijo: "No has predicado todo el Evangelio, todo el consejo". Wayne respondió: "He predicado todo lo que se me ha ocurrido". Pero el Señor le dijo: "No, no les has enseñado a diezmar". "Pero no tienen nada que diezmar", respondió Wayne. Dios dijo, "Por eso tienes que enseñarles a diezmar. Nunca van a tener nada a menos que entiendan Mis principios sobre el manejo de Mi dinero".

A partir de ese día, Wayne comenzó a compartir el principio del diezmo con la gente y a ayudarles a ponerlo en práctica. Los creyentes traían huevos, pollos y zanahorias porque era lo que tenían.

Comenzó a ver un cambio a medida que daban sacrificialmente y experimentaban la provisión de Dios.

La vida de Wayne también cambió. Contó otra historia de una vez que iba a un lugar a predicar y dos hombres iban a recogerlo y llevarlo allí. Él les preguntó antes de partir: "Déjenme hacerles una pregunta: ¿ustedes diezman?". Ambos dijeron: "No, no". Wayne dijo: "Bueno, me bajo de este auto, porque si le roban a Dios, seguramente me robarán a mí". Tenía innumerables historias como esta. Era un tipo divertido y un increíble hombre de Dios.

Veamos Génesis 14:18-20 y consideremos la relevancia del diezmo hoy a la luz de este pasaje del Antiguo Testamento Entonces Melquisedec, rey de Salem, sacó pan y vino; sacerdote del Dios Altísimo. Y lo bendijo y dijo,

> "Bendito sea Abram del Dios Altísimo
> Poseedor del cielo y de la tierra
> Y bendito sea Dios Altísimo
> que ha entregado a tus enemigos en tus manos.
> Y le dio el diezmo de todo.

Génesis 14 es una historia llena de acción sobre la guerra entre antiguas ciudades-estado y reyes, con una sorprendente conclusión que conecta con Abram, cuyo nombre se cambiaría por el de Abraham. Tiene 75 años y reúne a 318 siervos para luchar contra los ejércitos que han capturado a Lot, su sobrino, y a toda su familia y posesiones. Abram derrota a los ejércitos con la ayuda de Dios y recupera todo lo perdido. De camino a casa, se encuentra con un misterioso rey y sacerdote del Dios Altísimo conocido como Melquisedec.

"Mucho antes de que se diera la Ley, Abram diezmaba".

Melquisedec trae a Abram pan y vino y una bendición de Dios, declarando que no fue por la fuerza que se ganó la batalla. Fue por la mano de Dios. Abram responde inmediatamente dando el diez por ciento de todo el botín al sacerdote de Dios. El Nuevo Testamento dice que el Evangelio fue predicado a Abraham. No sé si fue en ese momento o no, pero este encuentro es utilizado más tarde, en parte, para explicar el sacerdocio de Jesucristo por los escritores del Nuevo Testamento (Hebreos 7:1-8). Esto habla de la comunión. Muchos escritores del comentario creen que Melquisedec era probablemente Jesús encarnado que vino a Abram.

¿Por qué ofreció Abram el diezmo a Melquisedec? ¿De dónde vino ese pensamiento? ¿Sabéis por qué? Fue una respuesta del corazón de un hombre que entendía las cosas de Dios. Un hombre que quería adorar al Señor Altísimo. Esto fue mucho antes de que se diera la Ley, y ese mismo corazón se transmitió a través de Isaac y Jacob (Génesis 28:22).

En este pasaje, Jacob hace un voto a Dios mientras levanta una columna, la llama Betel, la casa de Dios, y promete dar la décima parte de todo lo que el Señor le dé.

Dios nos invita a adorarle y a reconocer que Él es el Dios vivo que tiene buenos planes para nosotros. Él nos pide que pongamos nuestra confianza en Él y que pongamos nuestra esperanza en las cosas de arriba, no en las cosas de esta tierra o del hombre

El Diezmo Hoy

Entonces, ¿el diezmo sigue siendo relevante hoy en día? Escucho a la gente decir: "Bueno, sabes que ya no estamos bajo la Ley; ahora estamos en el Nuevo Testamento".

Mateo 23:23 dice: "¡Ay de vosotros, escribas y fariseos, hipócritas! Porque pagáis el diezmo de la menta, del anís y del comino, y habéis descuidado las cosas más importantes de la ley: la justicia, la misericordia y la fe.

Estas debíais haber hecho, sin dejar las otras sin hacer". Jesús reprende a los fariseos porque intentaban hacerlo todo a la perfección, y Él les estaba diciendo: "Mirad, sí, deberíais haber hecho eso, pero habéis pasado por alto el verdadero asunto de la misericordia y todas estas otras cosas que deberíais estar haciendo." Los fariseos estaban meticulosamente enfocados en asegurarse de que estaban operando de acuerdo a la Ley. Jesús no estaba diciendo que el diezmo fuera eliminado; estaba señalando sus maneras hipócritas.

La transición del Antiguo Pacto al Nuevo es clara y sencilla. Sin embargo, se llevó a cabo a través de la muerte agonizante de Cristo en la Cruz y Su expiación por el pecado.

A partir de ese momento, no hubo más sacrificios por el pecado porque Él murió de una vez por todas. Los sacrificios de animales cesaron. ¿Y todos los rituales y requisitos legales?

Cumplido en Cristo. Él fue el Cordero de Dios, el sacrificio final. Él lo cumplió todo. El Antiguo Testamento se cumplió en la Cruz. ¿Pero qué pasa con el asesinato? Todavía no se debe matar. ¿Qué sucede en el Nuevo Testamento con respecto al asesinato? ¿Acaba? No, adquiere un significado más elevado. Ahora, el filtro se convierte en "si tienes odio en tu corazón", ya has cometido asesinato. Esto se aplica al adulterio y se convierte en "si tienes lujuria en tu corazón", eres culpable de adulterio. Lo mismo ocurre con el diezmo. Cuando viene a través de la Cruz, dar se convierte en un estándar aún más alto.

Veamos Malaquías 3:10. Es muy interesante. "Traed todos los diezmos al alfolí, para que haya alimento en mi casa. Y probadme ahora en esto -dice el Señor de los ejércitos-, si no os abriré las ventanas de los cielos y derramaré sobre vosotros tal bendición que no habrá lugar suficiente para recibirla."

No creo que haya ningún otro lugar en las Escrituras donde Dios nos desafíe a ponerle a prueba. ¿Te lo imaginas? Él está diciendo:

"Pruébame en esto". Así que ¿te das cuenta de que el diezmo del 10% es una prueba? Cada vez que encuentras el número diez en la Biblia, siempre es una prueba. Hay diez mandamientos. Hubo diez plagas. Hubo diez espías que fueron a la tierra prometida a buscarla, y diez vírgenes. Encontraras el numero diez a traves de las Escrituras, y siempre esta relacionado con una prueba. Esas pruebas son para demostrar algo. Para nosotros, demuestra si confiamos o no en Dios.

"¿Te das cuenta de que el diezmo es una prueba?"

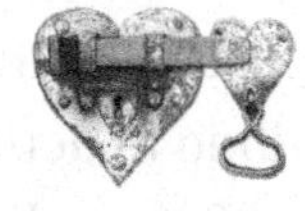

Es una prueba del corazón. Eso es lo único que Dios está probando: si confiarás en Él, si buscarás en Él la provisión y la satisfacción de tus necesidades, y si confiarás en Él para tu mañana. Como se ha dicho, Dios ya conoce tu situación, tus finanzas y tus temores, y anhela satisfacer tu alma. Él quiere ser tu primer amor y que tomes Su Palabra como verdadera. Él quiere bendecirte y cumplir cada promesa que te ha hecho cuando alineas tu corazón con el Suyo.

Él promete reprender al devorador por causa tuya, para que el enemigo no destruya el fruto de la tierra ni de la vid. Todas las naciones te llamarán bienaventurado, porque serás una tierra deleitosa.

Y entonces abrirá las ventanas de los cielos y derramará sobre ti bendición hasta que sobreabunde. ¡Apuesto a que nunca has tenido un asesor financiero que te haya dado una promesa como esa!

Puede que digas que esto del diezmo es algo difícil. Y puede serlo. Fue un desafío para la viuda que se encontró con Elías antes de preparar su última comida, después de la cual ella y su hijo morirían (1 Reyes 17).

Significa romper el amor al dinero y sus ataduras. Significa poner a Dios en primer lugar en las finanzas, no al final, después de haber pagado todas las cuentas. Es Su camino, que es más alto que el nuestro, y también Sus pensamientos. Él es digno de confianza. Su promesa es que cuando lo buscas primero, cuando lo persigues a Él, entonces todo lo demás se añade a tu vida. Es parte de la relación de pacto con el Señor. ¡Es parte de este trato fenomenal!

¿Qué es el Almacén?

Hay otra pregunta en cuestión. ¿Dónde y a quién se paga el diezmo? Utilizo la palabra pagar porque en realidad no es dar. El dinero pertenece a Dios-es Suyo. Ahora, veamos Deuteronomio 12:5-12 y averigüemos lo que dice la Palabra.

> "...sino que el lugar que Jehová vuestro Dios escogiere de entre todas vuestras tribus, para poner allí su nombre para su habitación, ese buscaréis, y allá iréis. Y allí llevaréis vuestros holocaustos, vuestros sacrificios, vuestros diezmos, y la ofrenda elevada de vuestras manos, vuestros votos, vuestras ofrendas voluntarias, y las primicias de vuestras vacas y de vuestras ovejas; y comeréis allí delante de Jehová vuestro Dios, y os alegraréis, vosotros y vuestras familias, en toda obra de vuestras manos en la cual Jehová tu Dios te hubiere bendecido.
>
> No haréis como todo lo que hacemos nosotros aquí ahora, cada uno lo que bien le parece, porque hasta ahora no habéis entrado al reposo y a la heredad que os da Jehová vuestro Dios. Mas pasaréis el Jordán, y habitaréis en la tierra que Jehová vuestro Dios os hace heredar; y él os dará reposo de todos vuestros enemigos alrededor, y habitaréis seguros. Y al lugar que Jehová vuestro Dios escogiere para poner en él su nombre, allí llevaréis todas las cosas que yo os mando: vuestros holocaustos, vuestros sacrificios, vuestros diezmos, las ofrendas elevadas de vuestras manos, y todo lo escogido de los votos que hubiereis prometido a Jehová. Y os alegraréis

delante de Jehová vuestro Dios, vosotros, vuestros hijos, vuestras hijas, vuestros siervos y vuestras siervas, y el levita que habite en vuestras poblaciones; por cuanto no tiene parte ni heredad con vosotros."

Malaquías 3 dice que hay que llevar todos los diezmos al alfolí. ¿Dónde está eso hoy? El alfolí es el lugar donde te alimentas espiritualmente y te relacionas con otros creyentes. Otra manera de explicarlo es como el lugar donde tu nombre es registrado y donde eres cuidado.

Este es un pasaje interesante. Dice claramente que tenemos que estar donde Dios nos elija. No se trata de lo que a uno le gusta o le conviene. Todo el tiempo escucho a personas decir que están "revisando diferentes iglesias". Visitan una durante una o dos semanas y luego otra y señalan lo que les gusta, o no, de cada una. No quiero desilusionarte, pero, pero la verdadera pregunta es, ¿dónde quiere Dios que estés? ¿Qué ha escogido Él? Dios tiene un lugar único para cada uno de nosotros donde debemos estar conectados. Es el lugar donde recibes alimento espiritual, donde estás protegido, valorado, llamado a servir y a ser parte. Y—al punto aquí—es el lugar donde debes entregar tu diezmo.

"Somos piedras vivas que están siendo edificadas como casa espiritual".

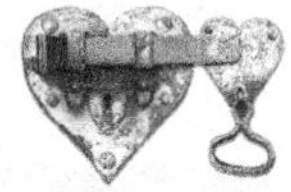

Vivimos en una cultura y en una época en la que las personas van de una iglesia a otra. Pero la Palabra no dice que somos piedras flotantes. Dice que somos piedras vivas, edificadas como una casa espiritual, una morada del Espíritu. Necesitamos estar cementados unos con otros, profundamente comprometidos entre nosotros. Yo te necesito, y tú me necesitas, para llegar a ser todo lo que Dios tiene para nosotros: Su Ekklesia. Este es el lugar que Dios ha prescrito y ordenado como aquel donde debes traer tu diezmo y ofrecer tu apoyo: dondequiera que se reúna esa expresión local de la iglesia.

Sé fiel y da con un corazón agradecido, honrando al Señor, ¡y serás bendecido!

TÓMALO EN SERIO

Las historias de bendiciones y provisión abundante son innumerables en la Biblia y en las experiencias de personas que han "puesto a prueba" a Dios con sus finanzas. Él nos desafía a ver si no abrirá las ventanas de los cielos y derramará una bendición tan grande que no habrá lugar suficiente para contenerla. Es una decisión importante comenzar a diezmar si eso no ha sido parte de tu estilo de vida, pero Dios ha prometido encontrarte en ese lugar de compromiso del corazón. Tómate un tiempo para orar y pídele que te guíe hacia una nueva perspectiva y libertad al dar.

LLÉVALO A DIOS

Querido Dios, te doy gracias porque me has dado Tu Palabra para guiarme a la verdad. Ahora entiendo con mayor claridad que he retenido mis diezmos y ofrendas y te he robado. No te he honrado ni he cuidado de Tu casa. He confiado en mis propios caminos y no en los Tuyos. Por favor, perdóname y líbrame de mis pecados y de los temores que me mantienen cautivo a este mundo. Tú eres un Padre bueno, digno de confianza, y Tu promesa es que bendecirás y proveerás más allá de todo lo que pueda pedir o imaginar.

Espíritu Santo, te pido que hoy me llenes de un deseo y un gozo de honrarte con las primicias de mi aumento. Mi anhelo es gastar mi vida y ser gastado por las almas y por el avance de Tu Reino (1 Corintios 12:15). Ayúdame a permanecer fiel. En el nombre de Jesús. Amén.

CAPÍTULO CUATRO

REFERENCIAS BÍBLICAS

Malaquías 3:6-9

Proverbios 3:8-10

Levítico 17:30

Salmo 50:10-12

Génesis 14:18-20

Hebreos 7:1-8

Génesis 28:22

Mateo 23:23

Deuteronomio 12:5-12

2 Corintios 8:1-7

CONTRIBUIR

CONTRIBUIR

La Gracia de Dar

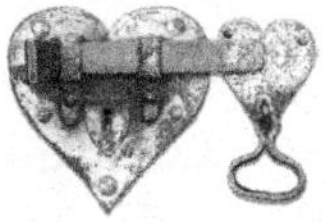

El Nuevo Testamento, el Nuevo Pacto, contrasta tanto con el Antiguo Testamento y sus leyes y legalismo. Pero el tema principal del Nuevo Testamento es la GRACIA. Aunque la ley sigue presente para revelar cómo quiere Dios que viva Su iglesia y para hacernos conscientes del pecado, la gracia hace lo que la ley no podía hacer. La gracia abre la puerta para la salvación y para que seamos declarados justos a través de la obra consumada de Cristo en la Cruz.

Esto se vuelve significativo cuando Jesús nos lleva a un nuevo ámbito de manejo de las finanzas: un ámbito del Espíritu donde Él establece principios y preceptos para gobernar nuestro manejo de los recursos, el tiempo, las posesiones, las relaciones y más.

El Sermón del Monte, en Mateo 5-6, revela el verdadero corazón de Dios y establece un estándar elevado para nosotros, que debe reflejarse en nuestro amor por Cristo y por Su pueblo.

Pero en este mensaje, Jesús reprende a los fariseos y saduceos por actuar con aparente piedad e hipocresía. Él muestra que a Dios le importan nuestros corazones, no solo nuestra obediencia a las reglas. No se trata de hacer, sino de ser.

Al comenzar este capítulo sobre la gracia de dar, quiero llevarnos a 2 Corintios 8-9, que tratan completamente sobre el dar.

> "Asimismo, hermanos, os hacemos saber la gracia de Dios que se ha dado a las iglesias de Macedonia; que en grande prueba de tribulación, la abundancia de su gozo y su profunda

> pobreza abundaron en riquezas de su generosidad. Pues doy testimonio de que con agrado han dado conforme a sus fuerzas, y aun más allá de sus fuerzas, pidiéndonos con muchos ruegos que les concediésemos el privilegio de participar en este servicio para los santos." 2 Corintios 8:1-4

El apóstol Pablo escribió 2 Corintios para celebrar su gozo y su renovada confianza en sus convertidos. Había habido problemas, persecuciones, sequías, tensiones económicas y falsos maestros que causaban divisiones.

La carta también fue escrita para informar a los corintios sobre la angustia de Pablo mientras esperaba con ansiedad noticias de la misión de Tito y para explicar por qué no había podido realizar su prometida tercera visita a Corinto. Él había querido recoger una ofrenda para los santos en Jerusalén, por lo que apelaba a Corinto para que brindaran su ayuda.

Piensa en la geografía e imagina Corinto en un mapa. Era una de las ciudades principales de esa época, probablemente como Dallas hoy. Corinto estaba en Grecia y era un centro de negocios próspero. Macedonia estaba al norte de Grecia y no era muy fuerte ni próspera. Había persecución y muchos desafíos. La situación había sido difícil para los creyentes allí, y Pablo estaba expresando cómo la gracia de Dios sobre la iglesia en Macedonia los había llevado a dar más allá de su capacidad.

Ellos estaban dispuestos a dar libremente al ministrar a los santos. El ánimo de Pablo era que su gozo abundaba incluso en su profunda pobreza, porque daban generosamente, de manera liberal, a pesar de su escasez.

En esencia, Pablo les decía a los corintios: —"Escuchen, amigos, pónganse en sintonía; miren cuán bendecidos están los macedonios por su corazón generoso. Ustedes dijeron que iban a dar; hagámoslo."

Y Pablo enfatiza que lo que Dios realmente busca es nuestro corazón. Me encanta eso. Es el principio de las primicias otra vez: primero entrégate al Señor, adóralo, y luego da a los demás conforme a Su voluntad.

"Dios desea que alineemos nuestro corazón con la gracia de dar".

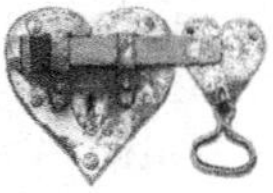

Los versículos 6 y 7 dicen: "de manera que exhortamos a Tito para que tal como comenzó antes, asimismo acabe también entre vosotros esta obra de gracia. Por tanto, como en todo abundáis, en fe, en palabra, en ciencia, en toda solicitud, y en vuestro amor para con nosotros, abundad también en esta gracia.."

¿Te das cuenta de que existe una gracia para dar? Aquí es donde Dios quiere que posicionemos nuestro corazón. La gracia de dar no es solo favor; la gracia es realmente el poder de Dios sobre los que creemos para cumplir Su voluntad. Pablo dice en estos siete versículos que la iglesia en Corinto tenía todos los dones (aunque sí tenían problemas de desorden), pero abundaban en todo: fe, palabra, conocimiento, diligencia e incluso en amor. Pero la exhortación era que también pusieran su enfoque en abundar en gracia.

Como creyente que creció en la iglesia, nunca escuché acerca de la gracia de dar. No entendía que era un don que Dios quería otorgar, que nos capacita y empodera para dar. Es la mano derecha que no sabe lo que hace la izquierda; es una predisposición a dar, un corazón preparado y deseoso de hacerlo.

Dar no es lo mismo que el diezmo. Recuerda que el diezmo es la primera décima parte, la primera porción del aumento que pertenece al Señor. Dar es por encima y más allá del diezmo. No es algo sobre lo que tengas que pasar horas y horas orando. Entras en la gracia de dar, reconociendo que Dios quiere liberarte y capacitarte para dar y bendecir a otros. Hechos 20:35 dice:

"Y recuerden las palabras del Señor Jesús, que dijo: 'Más bienaventurado es dar que recibir.'"

¡Y realmente lo es! Dios quiere que aprendamos a ser dadores generosos.

Estaba pensando en cómo desarrollar un corazón para dar. Me pregunté: ¿es diferente de aprender a profetizar? ¿Alguien empieza de inmediato a entregar una palabra perfecta con precisión? No. En el entrenamiento y discipulado que ofrecemos en la iglesia, les decimos a las personas que la manera de aumentar un don de gracia o su precisión es practicando y ejerciendo ese don, y conectándose con personas de confianza que estén maduras en ese don y puedan guiarte en el camino.

La Sinceridad del Amor

Lo mismo ocurre con el dar. Necesitamos desarrollar una sensibilidad y conciencia de la dirección del Señor mientras maduramos en nuestro caminar y cultivamos un corazón para dar de acuerdo a Su voluntad. Comienza a alinear tus finanzas con el diseño de Dios, comienza a honrarlo con el diezmo, sal de deudas, y entonces estarás preparado para dar. Toma tiempo, pero a medida que crezcas, también lo hará tu deseo de dar abundantemente y de ser totalmente libre como conducto de Sus recursos.

A mí me tomó mucho tiempo salir de deudas- ocho años. Terminamos con casi nada, excepto nuestra casa. Tuve que detener la dirección en la que iba, dar la vuelta y empezar a moverme por el camino de Dios. Tomó tiempo para que mi mente se fijara en Sus caminos, no en los del mundo, y para poner las cosas en orden. Finalmente lo logramos, y tú también lo harás. Dios es fiel.

Ten valor y confianza en Jesucristo, que es el mismo ayer, hoy y siempre. Él nunca cambia. Él está ahí para ti a largo plazo, sin límite de tiempo o espacio.

2 Corintios 8:8-11 dice

"Ganamos la eternidad en el intercambio en la Cruz".

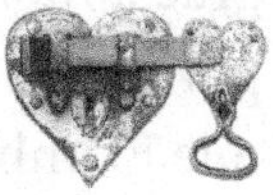

> No hablo como quien manda, sino para poner a prueba, por medio de la diligencia de otros, también la sinceridad del amor vuestro. Porque ya conocéis la gracia de nuestro Señor Jesucristo, que por amor a vosotros se hizo pobre, siendo rico, para que vosotros con su pobreza fueseis enriquecidos. Y en esto doy mi consejo; porque esto os conviene a vosotros, que comenzasteis antes, no solo a hacerlo, sino también a quererlo, desde el año pasado. Ahora, pues, llevad también a cabo el hacerlo, para que como estuvisteis prontos a querer, así también lo estéis en cumplir conforme a lo que tengáis.

Este versículo es asombroso. Jesús lo tenía todo, era rico, pero renunció a su divinidad para asumir la humanidad por nosotros. He leído muchos comentarios sobre este pasaje, y muchos de ellos dicen que en realidad no se refiere al dinero. Si eres algún tipo de estudiante de la Biblia, sabes que no hay que sacar las cosas de contexto. Justo aquí, en medio de todo el texto, ¡se habla de dinero!

Cuando Jesús fue a la Cruz, no sólo murió para que nosotros pudiéramos conseguir un boleto al Cielo. Sí, nuestros pecados fueron perdonados, y ganamos la eternidad en ese intercambio. Él murió en nuestro lugar y asumió el castigo que nos correspondía, y por eso le estaremos eternamente agradecidos.

Pero también dice aquí que Él era rico y por nosotros se hizo pobre, para que a través de Su pobreza, nosotros pudiéramos enriquecernos.

¿No es extraordinario? Estos dos versículos son profundos, ¡y necesitamos pegarlos en nuestro refrigerador!

Esto significa que Él se preocupa por ti, y Él entiende la situación en la que estás viviendo. Él es un Dios que da y opera en una gran gracia moradora y permanente. Él, Dios mismo, dio a Su único Hijo porque Él amó tanto al mundo. Es este mismo corazón y espíritu el que Él anhela imprimir en tu corazón-que tú, también, te conviertas en un dador como Él.

Continuemos con los versículos 12-15.

> "Porque si primero hay la voluntad dispuesta, será acepta según lo que uno tiene, no según lo que no tiene. Porque no digo esto para que haya para otros holgura, y para vosotros estrechez, sino para que en este tiempo, con igualdad, la abundancia vuestra supla la escasez de ellos, para que también la abundancia de ellos supla la necesidad vuestra, para que haya igualdad, como está escrito: El que recogió mucho, no tuvo más, y el que poco, no tuvo menos.

En el Nuevo Testamento, arrepentimiento significa cambiar la forma de pensar. Esta Escritura está señalando lo obvio: todo lo que sucede comienza con una mente dispuesta. Esto significa que tienes que cambiar tu mente. Eso es lo que dice este versículo. Si vas a tener la gracia de dar en tu vida, vas a tener que cambiar tu manera de pensar-la manera en que piensas acerca del dinero, dar, y la mayordomía. Pablo está diciendo que obviamente no puedes dar más de lo que tienes, y no se espera que des la misma cantidad que otra persona. No quiere que los creyentes lleven cargas que otros podrían llevar fácilmente, pero tu abundancia podría suplir la carencia de otro. Para que quede claro, esto no es socialismo. Esa filosofía dice que necesitamos tomar de todos los que tienen para dar a la gente que no tiene, para que todos podamos tener la misma cantidad y ser iguales. Esto es marxismo y no de lo que Pablo está hablando aquí.

Karl Marx, un filósofo, periodista y revolucionario socialista alemán, vio un problema en la época en que vivía en Francia, a mediados del siglo XIX. Había personas muy ricas, nobles y capitalistas que poseían todas las propiedades y controlaban todo, mientras que todos los demás tenían que trabajar para ellos.

Desde su perspectiva, no había forma de romper ese ciclo, por lo que su solución fue crear un sistema para distribuir todos los recursos de manera equitativa, de modo que todos tuvieran la misma cantidad.

Es una filosofía que hoy en día vemos reflejada especialmente en nuestro sistema educativo y en el gobierno. Pero NO es bíblico; es socialismo, comunismo, y no funciona.

En 1990, un grupo de nosotros tuvimos la oportunidad de ir a Rumania, donde gobernaba el comunismo, apenas un año después de que cayera el Telón de Acero. Fue increíble lo que vimos—impactante. El país parecía congelado en los años 30 en su infraestructura, ropa, todo. Y esto era mejor que en Rusia, Ucrania y Georgia. El sistema comunista no funcionó.

Dar Libremente con Gozo

Considera el marcado contraste con 1 Timoteo, que dice que Dios nos da abundantemente todas las cosas para que las disfrutemos, y que debemos ser ricos en buenas obras, siempre dispuestos a dar y a compartir. Y que el corazón de todo creyente respecto al dar debe ser alegre.

> "Por tanto, tuve por necesario exhortar a los hermanos que fuesen primero a vosotros y preparasen primero vuestra generosidad antes prometida, para que esté lista como de generosidad, y no como de exigencia nuestra. Pero esto digo: El que siembra escasamente, también segará escasamente;

y el que siembra generosamente, generosamente también segará. Cada uno dé como propuso en su corazón: no con tristeza, ni por necesidad, porque Dios ama al dador alegre. Y poderoso es Dios para hacer que abunde en vosotros toda gracia, a fin de que, teniendo siempre en todas las cosas todo lo suficiente, abundéis para toda buena obra;"

2 Corintios 9:5-8

Permítanme exhortarlos: no dejen que nadie, ni un pastor ni alguien en liderazgo, los manipule para dar. Cuando comiencen a sentir esa presión o coacción acerca de dar, entonces saben que tienen una agenda propia. Dios no manipula a las personas ni les obliga.

Sí, hay momentos en que sientes la carga de la necesidad del pueblo y tu corazón se conmueve. En esos momentos, ora y busca a Dios para saber qué quiere que hagas. Él desea que sea una ofrenda voluntaria, no una obligación. Hay necesidades genuinas y legítimas en el mundo, y la Palabra dice que los pobres siempre estarán con nosotros. Permite que Él te guíe. Entonces, da desde tu corazón, cuando estés listo y emocionado por dar con gozo y con conciencia del liderazgo de Dios.

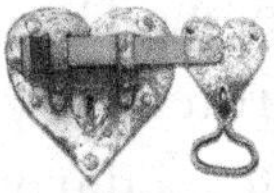

"Siembra las semillas que Dios te ha dado... no te las comas".

El Señor "ama al que da con alegría. Y Dios es poderoso para hacer que toda gracia abunde para ustedes, para que, teniendo siempre todo lo necesario en toda cosa, tengan abundancia para toda buena obra."

La definición de prosperidad bíblica es que Dios puede hacer que vivas de tal manera que abundes en todo lo que tienes, y que siempre te quede suficiente para ser una bendición en la vida de otros. ¿No es eso asombroso?

Su buena intención es satisfacer todas tus necesidades—cualesquiera que sean—y proveer todo lo necesario para toda buena obra. Él se hizo pobre para que nosotros pudiéramos enriquecernos. Ese es Su regalo y Su promesa para nosotros.

> Cuando le damos la primera porción, el diezmo, y la apartamos como santa para Él, Él se involucra en el resto, lo hace aumentar y nos concede la gracia de dar. Entonces damos, y se nos devuelve, "medida buena, apretada, sacudida y rebosando" (Lucas 6:38).

Continuando, Pablo en 2 Corintios 9:9-11 dice:

> "Repartió, dio a los pobres; Su justicia permanece para siempre. Y el que da semilla al que siembra, y pan al que come, proveerá y multiplicará vuestra sementera, y aumentará los frutos de vuestra justicia, para que estéis enriquecidos en todo para toda liberalidad, la cual produce por medio de nosotros acción de gracias a Dios."

Esta oración declara que Dios suministra la semilla al sembrador y el pan para el alimento, y pide que ahora Él multiplique la semilla que has sembrado y aumente los frutos de tu justicia. ¿Entiendes lo que se dice? ¿Cómo se hace el pan? Primero hay que recoger y luego moler el trigo o la cebada (la semilla). Dios te va a dar la semilla para que la siembres. Lo crítico aquí es que primero siembres la semilla y no te la comas. El problema es que la mayoría de nosotros hemos hecho lo opuesto-nos hemos comido nuestra semilla y entonces no queda nada que sembrar. Entonces nos preguntamos por qué las cosas no funcionan. Es porque no hemos sembrado o plantado las semillas. Yo también he hecho eso, diciéndome: "No tengo suficiente dinero para pagar mis cuentas". ¿Por qué? Porque me he comido toda la semilla. Aquí es donde debemos entrar en la gracia de dar que Dios quiere infundir en nuestras vidas para que podamos ver las cosas de manera diferente y operar por Sus principios.

> Porque la ministración de este servicio no solamente suple lo que a los santos falta, sino que también abunda en muchas acciones de gracias a Dios; pues por la experiencia de esta ministración glorifican a Dios por la obediencia que profesáis al evangelio de Cristo, y por la liberalidad de vuestra contribución para ellos y para todos; asimismo en la oración de ellos por vosotros, a quienes aman a causa de la superabundante gracia de Dios en vosotros.
>
> 2 Corintios 9:12-14

¡Gracias a Dios por su indescriptible regalo! Esto es extraordinario. Lo que sucede es que nuestro dar en realidad causa acción de gracias y aumento. Todo el mundo se regocija al dar-es más bendito dar que recibir. Amén.

Otra historia personal sobre aumento y provisión se remonta a cuando nuestros hijos tenían unos 13 o 15 años, esa franja de edad en la que los coches y la universidad iban a convertirse en una preocupación económica. Pero no teníamos dinero para ninguno de los dos. Hablamos de ello y yo no estaba preocupado o estresado, pero estaba pensando en qué hacer y estaba orando. ¿Tenía que buscar otro trabajo o hacer algo diferente? No sabía cómo íbamos a cubrir las necesidades, y esto había estado en mi mente por un par de años. Entonces, un día, Dios me habló. Me dijo: "Estás pensando mal". Hmmm... Ya me lo había dicho antes. Es una conversación bastante normal entre nosotros. Me dijo: "Estás pensando en cómo conseguir". "Sí, Señor", le contesté, "seguro que sí". "Necesitas pensar en cómo dar", dijo Él

Así que fui y le conté a Susan que había tenido esta conversación con el Señor y que necesitábamos empezar a dar más. Ella dijo: "¿Bueno, dónde? ¿Cómo? Tenemos un presupuesto del cual estamos trabajando. ¿Cómo va a suceder eso?" Le respondí: "No lo sé, pero Dios me habló, y son Sus caminos los que funcionan; necesitamos empezar a dar más."Desde ese día, hicimos un esfuerzo dedicado para comenzar a dar más. Fue asombroso cómo Dios proveyó. Los niños consiguieron vehículos y terminaron toda la universidad sin ninguna deuda. Miro hacia atrás y puedo ver tantas maneras en las que Dios suplió nuestras necesidades. Él es fiel, fiel, fiel. "El alma generosa será prosperada; y el que saciare, él también será saciado." (Proverbios 11:25).

Proverbios 22:9 es otro versículo convincente. "El que tiene ojo generoso será bienaventurado, / porque da de su pan a los pobres". Hay muchas Escrituras a lo largo de la Biblia sobre dar a los pobres que necesitamos tomar en serio mientras abrazamos Su gracia de dar. Oremos.

♥ TÓMALO EN SERIO

La gracia es algo maravilloso. Alimenta nuestra alma y nuestro espíritu. En el Nuevo Testamento se menciona la gracia 124 veces, de las cuales 86 provienen del apóstol Pablo, quien ciertamente comprendió la gracia de Dios. El autor, pastor y teólogo John Piper explica la gracia como:

"No solo una disposición, una cualidad o una inclinación en la naturaleza de Dios, sino una influencia, una fuerza o un poder, una acción de Dios que obra en nosotros para cambiar nuestra capacidad para el trabajo, el sufrimiento y la obediencia."

¿No sería increíble vivir en ese lugar de Su gracia, especialmente cuando se trata de dar y de administrar los recursos que Él nos ha confiado? ¿Por qué no orar por eso?

LLÉVALO A DIOS

Amado Dios, deseo sinceramente que esta gracia de dar sea parte de mi vida y de mi caminar contigo. Quiero tener Tu corazón por los pobres, los necesitados, la edificación de Tu Reino y por mi propia vida también. Por favor, perdóname por aferrarme a mis heridas y temores acerca de la provisión y del futuro. Perdóname por retener bendiciones y no confiar en Tu amor. Tú lo diste todo por mí y te hiciste pobre para que yo pudiera participar de Tu abundancia.

Ahora te pido Tu presencia que empodera, para que me ayudes a ser un conducto alegre, gozoso y dispuesto de las riquezas del Cielo. En el nombre de Jesús. Amén.

CAPÍTULO CINCO

REFERENCIAS BÍBLICAS

2 Corintios 8:1-7

2 Corintios 8:8-11

Hechos 20:35

2 Corintios 8:12-15

Lucas 6:38

2 Corintios 9:5-11

2 Corintios 9:12-14

Proverbios 11:25

Proverbios 22:9

6

Sembrar y Cosechar

> ***“Pero esto digo: El que siembra escasamente, también segará escasamente; y el que siembra generosamente, generosamente también segará. Cada uno dé como propuso en su corazón: no con tristeza, ni por necesidad, porque Dios ama al dador alegre. Y poderoso es Dios para hacer que abunde en vosotros toda gracia, a fin de que, teniendo siempre en todas las cosas todo lo suficiente, abundéis para toda buena obra;”*** 2 Corintios 9:6-8

Ya sea que estés familiarizado o no con términos agrícolas o con un estilo de vida agrario, la verdad es que cada uno de nosotros es sembrador y cosechador. Hay principios que gobiernan la tierra que Dios ha establecido y que tienen resultados muy discernibles. Sembrar y cosechar es uno de ellos. Gálatas 6:7 dice: “No os engañéis; Dios no puede ser burlado, pues todo lo que el hombre sembrare, eso también segará.”

> *“Siempre cosechas lo que siembras; cosecchas después de sembrar; y ccosechas más de lo que siiembras”.*

En el capítulo anterior, dedicamos tiempo a examinar este versículo de 2 Corintios 9 a la luz de comprender la gracia de dar. Aquí vamos a profundizar en el principio de sembrar, cosechar y multiplicar.

En esencia, el principio, expresado de manera simple, es el siguiente: Siempre cosechas lo que siembras, cosechas más tarde de lo que siembras, y cosechas más de lo que siembras.

Para ilustrarlo. Si plantas una semilla de maíz, en unos 75 días tendrás un tallo de maíz con una o dos mazorcas, cada una de las cuales contendrá entre 600 y 900 granos de maíz. Supongamos que tienes dos mazorcas con 600 granos cada una y plantas los 1,200 granos. En unos 75 días más, tendrás 1,200 tallos con una o dos mazorcas cada uno, produciendo 1,440,000 granos. Ésta es la ley de la multiplicación.

No hay nada místico ni mágico en esto. Si siembras, cosechas. escasamente, cosecharás escasamente. Si siembras generosamente, cosecharás generosamente. Tener la perspectiva de Dios y darte cuenta de que lo que estás haciendo es plantar semillas que resultarán en abundancia y aumento hará que te emociones al dar.

No estamos hablando únicamente de cosechas. Este principio se aplica a todas las áreas de la vida. ¿Qué dice Lucas 6:38? "Dad, y se os dará; medida buena, apretada, remecida y rebosando darán en vuestro regazo; porque con la misma medida con que medís, os volverán a medir."

Me encanta poder dar, sembrar semillas en la vida de otras personas, esperando plenamente ver cambios y que los ministerios prosperen. Pero el principio de la multiplicación y de sembrar y cosechar promete que todo lo que yo dé, siguiendo la dirección de Dios, será derramado de nuevo ¿Has considerado todas las áreas en las que podrías sembrar? ¿Qué tal amor o perdón, paciencia, misericordia, comprensión, bondad? Estaley de la multiplicación está incorporada en todo lo que nos toca. No tenemos tiempo para hablar de todos los posibles lugares donde podemos sembrar vida, esperanza y amor, con una profunda expectativa de recibir esas mismas cosas de regreso "medida buena, apretada, remecida y rebosando."

Es una imagen hermosa: alguien con un saco de arpillera, lleno de semilla hasta el tope, que luego sacude el saco, lo presiona hacia abajo y sigue llenándolo hasta que rebosa por completo.

El versículo anterior, Lucas 6:37, en el mismo contexto dice: "No juzguéis, y no seréis juzgados. No condenéis, y no seréis condenados. Perdonad, y seréis perdonados". Este principio universal se aplica también a la siembra de cosas negativas: sembrar discordia, odio, falta de perdón o impaciencia. ¿Por qué es tan importante entender esto?

¡Porque TÚ determinas la cosecha!

"¡Tú determinas la cosecha!"

El principio de la siembra implica selección. Elegimos qué clase de semilla queremos cosechar finalmente, si semilla de acuerdo con la fe y la vida en Cristo, o de acuerdo con la carne y la corrupción. ¿Te das cuenta de que cualquier cosa que necesites, si empiezas a dar eso mismo, empezará a ser medido de vuelta a ti? ¿Te has dado cuenta? He tenido gente que dice: "Bueno, necesito más amor". Mi respuesta es: "Entonces, ¿por qué no empiezas a dar amor a los demás? O el perdón. O..." ¿Cuándo ocurrirá eso? ¿Cuándo empezarás a ver el retorno de tu semilla? No lo sé. Algunas cosechas tardan más en dar fruto.

El punto más importante de este principio es que siembres, reconociendo que el Reino de Dios y Su justicia vendrán a ti a medida que lo hagas. En Mateo 6:33, Jesús proclama: "Buscad primero el Reino de Dios y Su justicia". Está diciendo que éste no es como ningún otro reino que conozcas. Este es el Reino de Cristo bajo Su gobierno, reinado y dominio. Colosenses dice que hemos sido trasladados y liberados del reino de las tinieblas al Reino de Su amado Hijo.

Alineación Divina

En la transición de las antiguas formas del reino a las nuevas, la estructura y las creencias deben comenzar bajo la autoridad del Señor Jesús, alineándose con Sus principios, renovando la mente y santificando los pensamientos. Este proceso se logra a través del discipulado. Es un proceso de crecimiento, no muy diferente de la maduración de una semilla.

En Génesis 1:11, Dios dijo que la tierra debía producir hierba y plantas que den semilla, y árboles frutales que den fruto según su especie, cuya semilla esté en ellos mismos. Luego Dios dijo: "Produzca la tierra seres vivientes según su especie: bestias, reptiles y animales de la tierra según su especie. Y fue así" (Génesis 1:24).

Desde el principio de los tiempos, Dios estableció el principio de la reproducción de la semilla según su especie, y ese principio sigue operando hoy. "Mientras la tierra permanezca, la siembra y la cosecha, el frío y el calor, el verano y el invierno, y el día y la noche no cesarán" (Génesis 8:22). Sí, mientras la tierra permanezca. ¡Y la última vez que verifiqué, la tierra todavía está aquí!

Al hablar de la semilla, mira conmigo en Génesis 3:15. "Y pondré enemistad entre ti y la mujer, y entre tu simiente y la simiente suya; él te herirá en la cabeza, y tú le herirás en el calcañar". Note que la semilla es singular, no plural. En Génesis 22:17-18 note esta poderosa Escritura: "Te bendeciré, y multiplicaré tu descendencia como las estrellas del cielo y como la arena que está la orilla del mar; y tu descendencia poseerá la puerta de sus enemigos. En tu descendencia serán benditas todas las naciones de la tierra, porque has obedecido Mi voz."

Dios Padre quiere bendecir a sus hijos. Bendijo a Abram y le dijo que por haberle obedecido, iba a multiplicar la descendencia de Abram. Ese uso de la palabra fue singular; Dios no dijo "semillas". Gálatas 3:16 y 26-29 dice,

> Ahora bien, a Abraham y a su Simiente fueron hechas las promesas. No dice: "Y a las simientes", como de muchos, sino como de uno: "Y a tu Simiente", que es Cristo... Porque todos vosotros sois hijos de Dios por la fe en Cristo Jesús. Porque todos los que habéis sido bautizados en Cristo, de Cristo estáis revestidos. Ya no hay judío ni griego; no hay esclavo ni libre; no hay varón ni mujer; porque todos vosotros sois uno en Cristo Jesús. Y si sois de Cristo, ciertamente linaje de Abraham sois, y herederos según la promesa.

Estas Escrituras no tienen nada que ver con dinero o diezmos; sin embargo, es vital que entendamos el principio de sembrar semillas. Considere lo que estamos tratando en esta nación ahora mismo-el racismo, la división, la violencia, y la falta de respeto. Hay tanto odio y animosidad hacia los demás. Estas son semillas que se están sembrando. ¿Te das cuenta de que cuando se trata de división, que sólo hay dos grupos de personas sobre la faz de la tierra? Los que están en Cristo y los que no están en Cristo. No importa a qué raza pertenezcas o el color de tu piel, si eres judío o griego, esclavo o libre, hombre o mujer. La verdadera pregunta es: ¿Estás en Cristo o no?

No hay manera posible de tener unidad aparte de Cristo. No podemos arreglar la devastación por nuestra cuenta. Sólo a través de Él se reconciliará el mundo y aprenderemos a amarnos los unos a los otros. Gálatas 6:7-8 lo deja claro. "No os engañéis; Dios no se burla; porque todo lo que el hombre sembrare, eso también segará. Porque el que siembra para su carne, de la carne segará corrupción; pero el que siembra para el Espíritu, del Espíritu segará vida eterna."

El apóstol Pablo dice: no os dejéis engañar. ¿Cómo podemos ser engañados? Pensando que lo que sembramos no brotará y producirá según su especie. Eso es engaño. Si siembras algo malo, ¿por qué te sorprendería que produjera algo malo? Esa semilla va a producir-y ese es el problema, si no estás sembrando buenas semillas.

Es posible que te estés haciendo en este momento la misma pregunta que me han hecho cientos de veces: “Bueno, si das dinero solo para recibir dinero a cambio, ¿no es esa la idea equivocada?”

No, porque estoy de acuerdo con el principio del Reino de Dios que dice: “Todo lo que siembres, eso cosecharás.” No se trata de dar para recibir, pero si no estás sembrando recursos financieros de alguna forma, ¿cómo esperas que aparezca una cosecha de dinero o provisión? Si siembras algodón, obtienes algodón; si siembras maíz, obtienes maíz. Si siembras de tus recursos o de tu cuenta bancaria, puedes esperar recibir eso de vuelta. Es un principio universal.

> ***“Si siembras de tus recursos o de tu cuenta bancaria, ¿no esperarías recibiir eso de vuelta?”***

¿Estás esperando que Dios abra las ventanas del Cielo para derramar una bendición sobre ti (Malaquías 3:10)? Él quiere hacerlo, pero te está pidiendo que alinees tu mente, tu voluntad y tu corazón con Él y confíes en Él. ¿Cómo? Dando, sembrando y entrando en alineación con Su Palabra y Su plan para los recursos que te ha confiado.

Permíteme animarte en un área: si has sembrado malas semillas y llevas contigo arrepentimiento, o has visto que comienzan a salir malos frutos en tu campo, ¡ORA! Pide a Dios un fracaso de cosecha. Tómate un tiempo para humillarte y arrepentirte de las decisiones y de los lugares donde has pecado o errado, sabiendo que Él no quiere que ninguna mala semilla llegue a dar fruto. Luego, compromete tus caminos a sembrar con una perspectiva de justicia y vida.

Poniendo a Prueba los Principios de Dios

Quiero compartir un par de ejemplos personales de las bendiciones de Dios sobre una mujer que nunca vaciló en su corazón hacia el dar y la siembra, incluso de manera sacrificial: mi madre.

Cuando tenía trece años, nos mudamos de la granja a la gran ciudad de Corsicana. Mamá continuó viviendo en esa casa durante cuarenta años, hasta que la trasladamos a Dallas en 2002. Sin embargo, durante todo ese tiempo, ¡el aire acondicionado nunca necesitó reparación! ¿Alguna vez has oído hablar de un aire acondicionado que durara cuarenta años? Tenía una secadora que nunca se descompuso y funcionó todos esos años. Mamá fue fiel en su dar y diezmar, y Dios fue fiel en cuidarla.

A veces nos fijamos únicamente en el aspecto del dinero, pero hay tantas otras áreas y necesidades en las que Dios quiere demostrar Su provisión abundante. Durante años hice mis propios impuestos. Y cuando digo que hacía mis propios impuestos, permíteme aclarar: tenía una firma contable que hacía mis impuestos, pero yo llenaba todas las líneas y se los entregaba. Estaba en el negocio del petróleo y gas y manejaba entre 50,000 y 60,000 millas al año. Conducía una Suburban en ese tiempo; de hecho, tuve varias Suburban. Y he tenido que reparar todo lo que se podía reparar muchas veces.

Un año, entregué la lista de ítems de reparaciones y mantenimiento sin incluir la gasolina. El año anterior, había totalizado $6,000, pero ese año solo fueron $60. Pensé, bueno, sé por qué es eso. Apenas habíamos empezado a usar tarjetas de crédito. Pensé, "apuesto a que tengo todos esos recibos juntos en algún lugar, así que iré a buscarlos." Mientras empezaba a buscar, el Señor me habló y dijo: "¿Es más fácil para Mí mantener tu coche arreglado o darte el dinero para repararlo?" Yo respondí: "¡Mantener el coche arreglado!"

El Dios de la creación tiene caminos que no son los nuestros y que no se limitan a este mundo finito. Pero se necesita fe para operar en la economía de Dios, fe para confiar en Él. "Pero sin fe es imposible agradar a Dios; porque es necesario que el que se acerca a Dios crea que le hay, y que es galardonador de los que le buscan diligentemente" (Hebreos 11:6).

Él nos da abundantemente todas las cosas para que las disfrutemos, pero espera que seamos buenos administradores de esas cosas, y "El que es fiel en lo muy poco, también en lo más es fiel; y el que en lo muy poco es injusto, también en lo más es injusto. Pues si en las riquezas injustas no fuiste fiel, ¿quién te confiará lo verdadero?" (Lucas 16:10-11).

Dar finanzas va unido a una fe creciente y a la dependencia de Dios. Conozco la gimnasia mental por la que estás pasando con respecto a este enorme paso de fe. Yo mismo he pasado por eso, mirando mi cuenta bancaria y diciendo: "Simplemente no hay suficiente dinero". Pero Dios está diciendo que tienes que empezar donde estás. Las cosas no van a cambiar hasta que empieces a cooperar, te pongas de acuerdo con Dios, y tomes acción.

Honestamente, esta no es una relación transaccional. No tenemos influencia financiera sobre Aquel que creó el universo. De la misma manera, dar no es una póliza de seguro para que todos nuestros problemas desaparezcan. Para ser claros, Dios no nos debe nada a ti ni a mí solo porque devolvamos dinero a Él. Más bien, dar es una respuesta a la bondad de Dios que ya hemos experimentado—y un recordatorio de que Él es nuestra esperanza y nuestro futuro, no el tamaño de nuestra cuenta de ahorros.

Quiero dirigirnos a Mateo 25:14-28. Esta es la parábola de los talentos: "Porque el reino de los cielos es como un hombre que, yéndose lejos, llamó a sus siervos y les entregó sus bienes. A uno dio cinco talentos, a otro dos, y a otro uno, a cada uno conforme a su capacidad; y luego se fue de viaje inmediatamente."

Me parece interesante que el hombre dio a sus siervos talentos conforme a su capacidad. Sabemos que no todos tienen las mismas habilidades. No todos somos iguales en destrezas o talentos. Por ejemplo, observa a los deportistas y algunas de sus increíbles capacidades. ¿Qué hay de los artistas o músicos, ingenieros o especialistas en TI? Dios hizo a cada uno de nosotros único. Sí, todos tenemos acceso igual a Él a través de Cristo, pero ninguno de nosotros es igual a otro.

En este pasaje, el punto clave es la fidelidad en usar e invertir sabiamente lo que se nos ha dado, conforme a nuestra capacidad.

> ***"Sus caminos no son nuestros caminos, y podemos estar agradecidos y en paz por eso".***

El maestro recompensó a los mayordomos fieles, pero al que llamó malvado y perezoso, le dijo: "Sabías que yo siego donde no sembré, y recojo donde no esparcí semilla. Por eso debías haber depositado mi dinero en los banqueros, y a mi venida habría recibido lo mío con intereses. Quita, pues, el talento de él, y dáselo al que tiene diez talentos."

Podrías decir: "¡Espera un momento, eso no es justo!" Pero la Escritura continúa: "Porque al que tiene, se le dará más, y tendrá en abundancia; pero al que no tiene, aun lo que tiene le será quitado."

Los principios que gobiernan el Reino de Dios a veces son difíciles de comprender porque pensamos en términos humanos y de alguna manera creemos que Dios debería actuar como nosotros y pensar como nosotros. Pero Sus caminos no son nuestros caminos, y podemos estar confiados, agradecidos y en paz con eso, porque Él es perfecto y nosotros no lo somos.

Fiel En las Cosas Pequeñas

En Lucas 21:1-4, Jesús observa

> "Levantando los ojos, vio a los ricos que echaban sus ofrendas en el arca de las ofrendas. Vio también a una viuda muy pobre, que echaba allí dos blancas. Y dijo: En verdad os digo, que esta viuda pobre echó más que todos. Porque todos aquellos echaron para las ofrendas de Dios de lo que les sobra; mas esta, de su pobreza echó todo el sustento que tenía."

En este pasaje, Jesús es testigo de la ofrenda de estas dos pequeñas monedas de cobre y describe cuán grande es el regalo de esta viuda, porque representa una proporción mucho mayor de su riqueza que los regalos más grandes de los líderes religiosos y otros. Este es un ejemplo asombroso de un corazón rendido a Dios. Él incluyó esta historia increíble en la Biblia para que la veamos y notemos el contraste con aquellos que daban de su abundancia. La viuda dio todo lo que tenía; no le quedó nada. Jesús no se regocijaba porque ella no tenía nada; Su corazón se conmovió. Reveló públicamente la importancia y el valor que lleva un corazón dispuesto al sacrificio.

Puede que te estés diciendo a ti mismo que darás más cuando llegue tu próxima paga extra, o cuando pagues algunas deudas más, o el año que viene, o cuando consigas un nuevo trabajo. No, no, no. Aquí es donde la gracia de dar comienza a tener un impacto muy real en tu vida. Empiezas con fe. Miras la semilla que tienes en la mano y decides con determinación y oración no comerte esa semilla, sino sembrarla, creyendo que Dios hará que crezca.

Nuestra confianza debe estar en Él; nuestra fe en Él; nuestro enfoque en vivir nuestras vidas en obediencia a Sus mandamientos para que podamos ser bendecidos y para que seamos una bendición para otros. ¿Qué significa eso, y cómo es para cada uno de nosotros?

Eso depende. Es diferente para cada persona. Depende de tus dones, tus talentos, tus recursos y de lo que el Señor ha destinado para tu vida. El Pastor Chris McRae de Sojourn Church tiene un don dinámico para predicar y evangelizar. ¿Cuáles son tus dones y fortalezas? ¿Te das cuenta de que el verdadero éxito es entrar en acuerdo con quien Dios te creó para ser? Es decir: "Sí, Señor, quiero ser todo lo que has deseado en Tu corazón que sea y hacer todo lo que has dispuesto que haga." Busca al Señor acerca de Sus planes para ti y sobre cómo debes dar, servir y sembrar en el Reino. Él te ha creado como un embajador único de Su amor, colocado aquí en la tierra para tocar vidas y cambiar el mundo.

Al cerrar este capítulo, quiero compartir estos últimos versículos de Gálatas 6:9-10: "Y no nos cansemos de hacer el bien, porque a su tiempo segaremos, si no desmayamos. Así que, según tengamos oportunidad, hagamos bien a todos, y mayormente a los de la familia de la fe."

¿Por qué Dios dice que no nos cansemos de hacer el bien? Porque podemos fatigarnos, desanimarnos y querer rendirnos. ¡A veces la temporada de espera por la promesa, la cosecha, puede parecer eterna! De hecho, pueden ser semanas, meses o incluso años. Incluso en nuestra humanidad, la verdad es que damos por sentadas las cosas maravillosas. Comenzamos con fuerza, agradecidos y apreciativos, y luego nos enfriamos. Pablo reconoce esto en su carta a los gálatas, exhortando a sus lectores a anclarse en la verdad de que "a su tiempo" segaremos. Sí, puede ser largo. ¿Cuánto tiempo? No lo sé. Pero no pierdas el ánimo al entregarte con amor, confiando y creyendo, perseverando y esperando el cumplimiento de las promesas de Dios. Él es fiel y verdadero a Su Palabra.

TÓMALO EN SERIO

El principio de la siembra y la cosecha no discrimina. Se aplica tanto a creyentes como a no creyentes, y abarca todas las áreas de nuestra vida. Cosechamos lo que sembramos. Esta puede ser una revelación nueva en tu entendimiento del Reino de Dios, y se te desafía a considerar todos los lugares donde ya has sembrado y desearías no haberlo hecho. Como mencioné antes, ¡siempre puedes orar por que la cosecha sea mala! Dios, en Su infinita misericordia, espera proveerte buena semilla y guiarte para hacer cambios que produzcan una cosecha rica y satisfactoria—una vida en abundancia.

Permíteme animarte a no perder la esperanza durante la espera, porque a su tiempo, SÍ cosecharás. Tómate un tiempo para orar y meditar sobre las Escrituras en este capítulo. Comienza hoy pidiéndole a Dios que te dé una nueva perspectiva y expectativa para la abundancia que aún está por venir.

LLÉVALO A DIOS

Querido Dios, gracias porque nunca te cansas de mí. Incesantemente haces el bien en mi vida, aunque a veces no lo vea o no lo reconozca. Te pido que me des la fuerza y la perseverancia para sembrar, enséñame cómo plantar las semillas correctas y luego esperar pacientemente mientras oro por aumento y multiplicación. Te pido que me perdones por mis caminos ansiosos, temerosos y por mi incredulidad acerca de Tu amor y provisión en mi vida. Que mi corazón esté en paz mientras aprendo a dar libre y alegremente por Tu Espíritu, y que busque oportunidades para bendecir a otros y llevar Tu verdad y abundancia al mundo que me rodea. Que mi vida traiga gloria y honor a Ti. En el nombre de Jesús. Amén.

CAPÍTULO SEIS

REFERENCIAS BÍBLICAS

2 Corintios 9:6-8

Lucas 6:38

Génesis 1:11-12

Génesis 3:15

Génesis 22:17-18

Gálatas 3:16, 26-29

Gálatas 6:7-10

Lucas 16:10-11

Mateo 25:14-28

Lucas 21:1-4

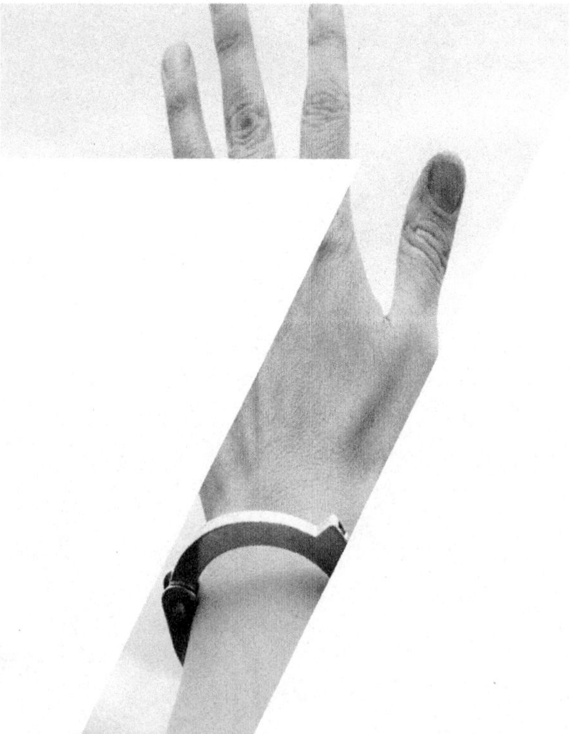

Rompiendo el Espíritu de Pobreza

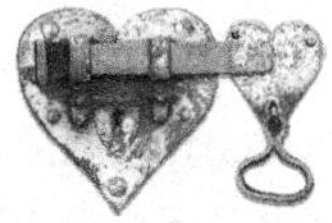

Juan 10:10 dice: "El ladrón no viene sino para robar, matar y destruir; yo he venido para que tengan vida, y para que la tengan en abundancia."

Este versículo captura el alcance y la secuencia de todo lo que ocurre en nuestras vidas. Puede que no lo notes, pero tienes un enemigo que quiere matarte, robar tu futuro y tu destino, y destruir tu vida. Quiere destruir tu trabajo, tu alegría, tu felicidad, tu salud, tus finanzas, tu matrimonio y tus hijos.

¿Y cómo lo hace? A través de mentiras. Él es mentiroso, asesino, padre de la mentira y engañador (Juan 8:44). Su misión es engañarte. ¿Por qué? Porque esa es su naturaleza desde el Jardín del Edén, cuando entregó su primera mentira a Adán y Eva. Sabe que si logra que creas una mentira, estarás en esclavitud. Recuerda: "la verdad os hará libres". Si la verdad libera, la mentira te mantendrá cautivo y producirá incredulidad. La incredulidad es la ausencia de fe, y sin fe es imposible agradar a Dios. Ese es el objetivo final del engañador: infundir temor e incredulidad. Su táctica es el temor, y lo usa porque cada decisión basada en temor produce resultados negativos. El ladrón no soporta que poseas alguna bendición. Es implacable en sus estrategias para llevar muerte y destrucción a cada área de tu vida.

Pero presta atención a la promesa contenida en este versículo. Jesús dice que Él vino para dar vida, ¡y vida en abundancia! Las palabras 'para que tengan' provienen del tiempo griego que significa 'tener y poseer continuamente'. Esta vida que Jesús nos ofrece es *zoe*, que representa una vida llena del poder de la vitalidad perdurable. Lo hermoso de este versículo es que "abundancia" en griego es *perissos* (Strong's #4053) y significa "estar por encima, más allá de lo regular, extraordinario" o incluso "excedente".

El Espíritu Santo vino y habitó en ti cuando recibiste a Jesucristo como Señor, y fue esta vida abundante la que Él te dio. La verdad se entrelazó en tu ADN cuando fuiste adoptado y te convertiste en hijo o hija de Dios. Ese intercambio de la Cruz trajo libertad y verdad, que están destinadas a guiarte continuamente a toda verdad, a liberarte y a producir fe, amor y vida.

Revelando Temores y Nuestro Enfoque

Veamos Mateo 6:25-34.

> "Por tanto os digo: No os afanéis por vuestra vida, qué habéis de comer o qué habéis de beber; ni por vuestro cuerpo, qué habéis de vestir. ¿No es la vida más que el alimento, y el cuerpo más que el vestido? Mirad las aves del cielo, que no siembran, ni siegan, ni recogen en graneros; y vuestro Padre celestial las alimenta. ¿No valéis vosotros mucho más que ellas? ¿Y quién de vosotros podrá, por mucho que se afane, añadir a su estatura un codo?
>
> Y por el vestido, ¿por qué os afanáis? Considerad los lirios del campo, cómo crecen: no trabajan ni hilan; pero os digo, que ni aun Salomón con toda su gloria se vistió así como uno de ellos. Y si la hierba del campo que hoy es, y mañana se echa en el horno, Dios la viste así, ¿no hará mucho más a vosotros, hombres de poca fe?

No os afanéis, pues, diciendo: ¿Qué comeremos, o qué beberemos, o qué vestiremos? Porque los gentiles buscan todas estas cosas; pero vuestro Padre celestial sabe que tenéis necesidad de todas estas cosas. Mas buscad primeramente el reino de Dios y su justicia, y todas estas cosas os serán añadidas. Así que, no os afanéis por el día de mañana, porque el día de mañana traerá su afán. Basta a cada día su propio mal."

En este pasaje, Jesús dice: "Recuerden, hablamos de esto: no acumulen tesoros en la tierra, sino acumulen tesoros en el cielo, porque donde esté tu tesoro, allí estará también tu corazón." No es el corazón el que guía primero; es el tesoro, el enfoque de la mirada.

"No es el corazón el que guía primero; es el enfoque de los ojos".

Entonces, ¿cuál es tu enfoque? Somos seres humanos que vivimos en un mundo natural. Fuimos diseñados para anhelar seguridad, amor y afecto. Pero, debido a esto, a menudo dirigimos ese impulso en la dirección equivocada. ¿Te has detenido a reflexionar sobre tus motivos y las áreas en las que inviertes la mayor parte de tus recursos, energía, talentos y tiempo? Muchos trabajan horas excesivas en un intento de acumular riqueza o construir seguridad financiera. Otros buscan relaciones que llenen sus anhelos más profundos. O éxito que satisfaga el alma.

En medio de estos versículos, Jesús introduce el tema del temor. ¿Por qué? Porque el temor es el ladrón que nos impide experimentar verdaderamente la plenitud de todo lo que Dios ha planeado para Su pueblo y para lo que fuimos creados.

El área del dinero y las finanzas es especialmente desafiante. El enemigo viene a robar, matar y destruir, especialmente en lo que respecta al dinero. Existe un espíritu de pobreza que a menudo se asocia con el mamón. Con frecuencia, puede transmitirse a través de líneas familiares, donde ha habido malos manejos, abusos o pobreza a lo largo de generaciones. Pero también caemos en incredulidad y temor acerca de la provisión, lo cual nos mantiene atados y con miedo de dar. Esto nos impide ser quienes Dios quiere que seamos. Sofoca nuestro crecimiento y nuestra capacidad de ser un conducto de bendición para otros.

Puedes llamarlo preocupación. Puedes llamarlo ansiedad o inquietud. Incluso puedes llamarlo frugalidad o como quieras. Tiene muchas máscaras, pero la raíz sigue siendo el temor, y es importante identificarlo y enfrentarlo para poder caminar en libertad. A menudo se manifiesta como control o manipulación, pero subyacente a todo eso está el temor.

Administrando Dones y Habilidades

Este es un pasaje interesante en Mateo 25:14-30:

> "Porque el reino de los cielos es semejante a un hombre que, yendo lejos, llamó a sus siervos y les entregó sus bienes. A uno dio cinco talentos, a otro dos, y a otro uno, a cada uno conforme a su capacidad; y luego se fue de viaje. El que había recibido cinco talentos fue y negoció con ellos, y ganó otros cinco talentos. Asimismo, el que había recibido dos talentos ganó también dos más. Pero el que había recibido uno fue, cavó en la tierra y escondió el dinero de su señor. Después de mucho tiempo vino el señor de aquellos siervos y arregló cuentas con ellos.
>
> Entonces el que había recibido cinco talentos se acercó y presentó otros cinco talentos, diciendo: 'Señor, me entregaste cinco talentos; mira, he ganado otros cinco talentos además de ellos.' Su señor le dijo: 'Bien, buen siervo y fiel;

has sido fiel en lo poco, te pondré sobre mucho. Entra en el gozo de tu señor.'

También el que había recibido dos talentos se acercó y dijo: 'Señor, me entregaste dos talentos; mira, he ganado otros dos talentos además de ellos.' Su señor le dijo: 'Bien, buen siervo y fiel; has sido fiel en lo poco, te pondré sobre mucho. Entra en el gozo de tu señor.'

Pero el que había recibido un talento se acercó y dijo: 'Señor, te conocía que eres hombre duro, que siegas donde no sembraste y recoges donde no esparciste; y tuve miedo, y fui y escondí tu talento en la tierra. Mira, aquí tienes lo que es tuyo.'

Pero su señor le respondió: 'Siervo malo y negligente, sabías que siego donde no sembré y recojo donde no esparcí; debías, pues, haber depositado mi dinero con los banqueros, y a mi venida hubiera recibido lo mío con intereses. Quitadle, pues, el talento y dadlo al que tiene diez talentos.'

Porque al que tiene, se le dará más, y tendrá abundancia; pero al que no tiene, aun lo que tiene le será quitado. Y al siervo inútil, echadle en las tinieblas de afuera; allí será el lloro y el crujir de dientes."

Vimos este pasaje en un capítulo anterior, pero es importante mencionarlo nuevamente.

Los talentos fueron dados a cada uno conforme a su propia capacidad. Dios no da arbitrariamente esperando que hagas algo con esos recursos o dones exactamente igual que otra persona. No todos estamos dotados con las mismas habilidades, talentos, inteligencia o creatividad. Considera a los deportistas y sus habilidades y fortalezas. La mayoría de nosotros nunca podría competir a su nivel.

No cometas el error de pensar que eres una persona de cinco talentos o de dos talentos. Dios te ha creado único y no debes compararte con otro. Pero el punto de esta parábola es dejar claro que, cualquiera que sea el recurso que Dios ha puesto en tus manos, Él espera ver aumento, buena administración y un retorno de Su inversión. A aquellos que fueron fieles y administraron los recursos sabiamente, el señor les dio aún más. Sin embargo, al que tuvo temor y escondió el dinero en la tierra lo llamó perezoso. Lo que tenía le fue quitado y fue echado en las tinieblas de afuera.

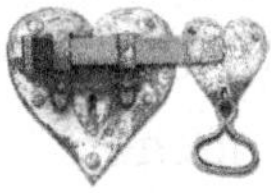

"Si el temor está operando, producirá malas decisiones".

No creo que quiera terminar allí; ¡ese no parece un buen lugar! El miedo y el juicio de este siervo lo hicieron tomar la decisión equivocada y perder lo que tenía. Independientemente de las decisiones que enfrentes en la vida, si el temor está operando, resultará en una mala decisión, sin importar cuál sea.

Esto no se aplica solo al dinero: es relativo a todas las áreas de la vida. Entiende que es el plan del enemigo hacer que actúes y tomes decisiones basadas en temor, una visión equivocada de Dios o incredulidad, y no en decisiones fundamentadas en la verdad o en la bondad de un Dios amoroso.

No sabemos cómo será el Cielo ni qué tipo de responsabilidades tendremos, pero esta Escritura sugiere que habrá recompensas por nuestra mayordomía y aumento conectadas a nuestra fidelidad. No creo que tengamos nuestra gran casa con una hamaca en el patio donde pasaremos los días meciéndonos con la brisa y bebiendo julepes de menta. Pero sea lo que sea que Dios haya planeado, nos invitará a unirnos a Él, y quizás ser "gobernador sobre muchas cosas", y sin duda experimentar el gozo del Señor.

Perspectivas Erróneas

En la parábola anterior, vimos las consecuencias que experimentó el siervo infructuoso, quien tenía una visión distorsionada del maestro, Dios. En la historia siguiente, examinaremos a los espías que tenían un concepto equivocado de sí mismos y, en última instancia, de la capacidad de Dios para liberar:

> "Y les contaron, diciendo: Nosotros llegamos a la tierra a la cual nos enviaste, la que ciertamente fluye leche y miel; y este es el fruto de ella. Mas el pueblo que habita aquella tierra es fuerte, y las ciudades muy grandes y fortificadas; y también vimos allí a los hijos de Anac. Amalec habita el Neguev, y el heteo, el jebuseo y el amorreo habitan en el monte, y el cananeo habita junto al mar, y a la ribera del Jordán. Entonces Caleb hizo callar al pueblo delante de Moisés, y dijo: Subamos luego, y tomemos posesión de ella; porque más podremos nosotros que ellos. Mas los varones que subieron con él, dijeron: No podremos subir contra aquel pueblo, porque es más fuerte que nosotros. Y hablaron mal entre los hijos de Israel, de la tierra que habían reconocido, diciendo: La tierra por donde pasamos para reconocerla, es tierra que traga a sus moradores; y todo el pueblo que vimos en medio de ella son hombres de grande estatura. También vimos allí gigantes, hijos de Anac, raza de los gigantes, y éramos nosotros, a nuestro parecer, como salatamontes; y así les parecíamos a ellos." Números 13:27-33

Tómate un tiempo para leer todo el capítulo de Números 13. Te darás cuenta de que Dios le dijo a Moisés que "escogiera líderes de cada tribu". No se trataba de hombres al azar; eran líderes fuertes, tal vez guerreros experimentados, que fueron elegidos para espiar la tierra de Canaán. Dios ya le había dicho a Moisés que iba a dar la tierra a los hijos de Israel.

Así que los espías regresaron con un mal informe sobre los habitantes, sus ciudades fortificadas, su número y los gigantes en la tierra. Su evaluación fue: "Éramos como saltamontes a nuestros propios ojos". La visión que los espías tenían de sí mismos era errónea. Y esto es lo que la pobreza, y el espíritu de pobreza, hace a la perspectiva de una persona.

Una mentalidad de pobreza distorsiona y presenta una visión falsa de la realidad. Te encierra en la incredulidad y produce una percepción torcida e inexacta de todo. Te miente, diciendo, "Nunca podre salir adelante," "Nunca podre salir de deudas," "No puedo diezmar," "No tengo dinero," "No tengo un centavo," "Terminaremos en las calles," y sigue y sigue. ¡La pobreza es un ladrón! Es una creencia que el enemigo trata de ponernos y que tiene sus raíces en dos cosas: una visión equivocada de Dios y una visión equivocada de nosotros mismos.

El Rey David tuvo algunos momentos de debilidad y fracasos, pero cuando se enfrentó a Goliat, no tuvo ninguna duda de la grandeza de Dios y de su capacidad para entregarlo en sus manos. Por el contrario, Saúl y sus guerreros miraron al gigante de mas de tres metros de altura con un enorme garrote y pensaron: "De ninguna manera; ¿estás bromeando, David? ¿Crees que puedes acabar con este tipo?". Pero David miró al filisteo incircunciso y anunció con confianza:

> "Tú vienes a mí con espada y lanza y jabalina; mas yo vengo a ti en el nombre de Jehová de los ejércitos, el Dios de los escuadrones de Israel, a quien tú has provocado. Jehová te entregará hoy en mi mano, y yo te venceré, y te cortaré la cabeza, y daré hoy los cuerpos de los filisteos a las aves del cielo y a las bestias de la tierra; y toda la tierra sabrá que hay Dios en Israel. Y sabrá toda esta congregación que Jehová no salva con espada y con lanza; porque de Jehová es la batalla, y él os entregará en nuestras manos."
>
> 1 Samuel 17:45-47

David no miró lo natural, como tantas veces hacemos nosotros, y se olvidó de lo grande que es nuestro Dios. No le importaba si Goliat medía doce metros o solo uno. Lo único que sabía era que ese filisteo no estaba en pacto con el Dios vivo. Nuestro desafío es tener la perspectiva correcta sobre quién es Dios y quiénes somos nosotros en Él: hijos de un Señor que cumple Su pacto y cuya bondad es de eterno a eterno.

Atadura de Pobreza

Hay otro aspecto de este tema que debe ser reconocido y abordado, y es una atadura de pobreza. 2 Corintios 10:3-5 dice: "Pues aunque andamos en la carne, no militamos según la carne; [4] porque las armas de nuestra milicia no son carnales, sino poderosas en Dios para la destrucción de fortalezas, [5] derribando argumentos y toda altivez que se levanta contra el conocimiento de Dios, y llevando cautivo todo pensamiento a la obediencia a Cristo."Una atadura de pobreza es una mentalidad. Es un patrón de pensamiento que es contrario a la Palabra de Dios. La característica principal de cualquier atadura es que es algo que no crees que pueda cambiar jamás. Cuando se trata de la pobreza, crees que nunca saldrás de ese estado. Puede que haya llegado a través de líneas generacionales. Tal vez tu familia siempre haya tenido problemas con el dinero o haya sido pobre. En algún momento, quizá simplemente aceptaste la creencia de que ese también es tu destino en la vida. Puede estar basada en algún grado de verdad y, ciertamente, en lo que has experimentado. Pero según la Palabra de Dios, eso no es la realidad. ¡Es una mentira proveniente del abismo del infierno, y debe ser derribada! ¡Debe ser destruida!

"Las armas de nuestra guerra son… poderosas en Dios." ¿Cuáles son esas armas? La verdad. La adoración. La acción de gracias. ¡La verdad te hará LIBRE! Y te mantendrá libre. Es el poder de Dios el que produce fe, esperanza y amor.

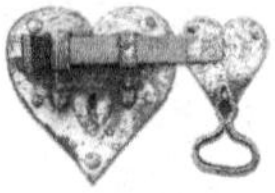

"¿Qué son las fortalezas? Mentiras, temores, bloqueos mentales".

"Para derribar fortalezas." ¿Qué son las fortalezas? Mentiras. Temor. Bloqueos mentales. La Palabra es clara: se te ha dado dominio sobre toda mentira, todo argumento, toda incredulidad y cualquier fortaleza que te haya atacado y atormentado a ti y a tu familia, ¡incluso por generaciones!

"Para derribar argumentos." ¿Qué son los argumentos? Más mentiras. Más incredulidad. Hagamos una lista:

- † "Mi familia siempre ha tenido problemas financieros."
- † "Nunca puedo ahorrar dinero."
- † "Nunca tengo un centavo."
- † "Nunca saldré de deudas."

"Y toda altivez." ¿Cuáles son las altivez? Son esas áreas donde el enemigo acusa a Dios. Imaginaciones vanas como: "Dios no te ama." "Otras personas son más importantes para Él que tú." "Mira lo que has hecho; Dios no va a responder tus oraciones." Todas son mentiras arraigadas en el temor, y es tiempo de liberarse del engaño y del control del enemigo que intenta dictar lo que sucede en nuestras vidas.

En 2 Timoteo 1:7, Pablo dirige sus palabras a Timoteo para animarle a que, en un mundo lleno de desafíos, pruebas e incertidumbre, recuerde que hay un Dios que nos ha dado el poder no sólo para afrontar esos desafíos, sino también para superarlos. "Porque no nos ha dado Dios espíritu de temor, sino de poder, de amor y de dominio propio". Sí, hay un espíritu de temor operando en el reino terrenal, pero se nos exhorta a que "No hay temor en el amor; sino que el perfecto amor echa fuera el temor, porque el temor implica tormento. Pero el que teme no se ha perfeccionado en el amor" (1 Juan 4:18). El atormentador ha sido derrotado por Cristo, que vino a dar VIDA en abundancia.

Pero también podemos elegir. Sí, las obras del enemigo son evidentes: mentiras, robos, destrucción, asesinatos, calumnias, acusaciones, temor, y la lista continúa. Es interesante que en el Jardín del Edén había dos árboles. El Árbol de la Vida y el Árbol del Conocimiento del Bien y del Mal. Los dos árboles representan la dicotomía de la creencia: el árbol del conocimiento del bien y del mal es la ley del pecado y, en última instancia, la muerte; el árbol de la vida es la vida eterna y, en última instancia, la gracia. Aquí es donde vemos la primera intención de Dios hacia nosotros. Podemos elegir los términos en los que interactuaremos con Dios. Podemos elegir obedecerle o desobedecerle. Podemos elegir confiar en Él o no confiar en Él. Los dos árboles representan esta elección.

La amonestación en Deuteronomio 30:19-20 es clara: ¡elige la VIDA! Hoy llamo al cielo y a la tierra como testigos contra ti, que he puesto delante de ti la vida y la muerte, la bendición y la maldición; por tanto, escoge la vida, para que tú y tus descendientes vivan; para que ames al SEÑOR tu Dios, para que obedezcas su voz, y para que te aferres a Él, porque Él es tu vida y la longitud de tus días; y para que habites en la tierra que el SEÑOR juró dar a tus padres, a Abraham, Isaac y Jacob.

Lo que Dios está diciendo aquí es que si no eliges la vida, tu estado por defecto es la muerte. En última instancia, al no elegir la vida, estás eligiendo la muerte. Cuando comenzó tu vida, estabas muerto en tus transgresiones y pecados; sin embargo, cuando naciste de nuevo, te convertiste en una nueva creación, se te dio vida eterna y la libertad de elegir.

Dependiendo de cuánto tiempo hayas vivido en esta tierra, has estado tomando decisiones: caminando en la verdad o en el error, eligiendo la vida o la muerte, o simplemente siendo influenciado por el mundo y la cultura en la que vives. La verdad es que probablemente tienes mucho desaprender y mucho reentrenamiento por hacer.

Por eso el discipulado es tan importante para el crecimiento y la madurez. Es en la disciplina y la rendición de cuentas, al hacer pequeños sacrificios y tomar mejores decisiones, donde se conduce a una vida mejor. Se crean hábitos, los hábitos construyen rutinas, y las rutinas se convierten en quién eres cada día. El objetivo final, por supuesto, es que lleguemos a ser más como Cristo. Nos conformamos a Su imagen y lo representamos ante el mundo que nos rodea.

TÓMALO EN SERIO

Contenido en las páginas de este capítulo hay verdades profundas, y quizá nuevas para ti, sobre la naturaleza y el ámbito de las ataduras, los temores y las perspectivas equivocadas. Exponer las mentiras del enemigo es el comienzo de la libertad en tu mente, en tus creencias acerca de la pobreza, y para romper las cadenas y patrones de fracaso y carencia.

Dios quiere que Su pueblo sea libre y que Su Reino se expanda y avance a través de los creyentes—¡a través de ti! Considera tomar un pedazo de papel o un diario y anotar todas las áreas en las que crees que ha estado operando un espíritu de pobreza. ¡Lleva esto delante del Señor y ora! "Así que si el Hijo os libertare, seréis verdaderamente libres" (Juan 8:36).

LLÉVALO A DIOS

Querido Dios, oro para que rompas en mí y en mi familia este espíritu de pobreza que nos ha afectado por generaciones, y las mentalidades destructivas que nos han mantenido cautivos. Te pido que me perdones por haber vivido mi vida basándome en estas mentiras y temores acerca del dinero y los recursos, los cuales han permitido que el enemigo robe, mate y destruya. Muéstrame las áreas de mi incredulidad y líbrame.

Señor, lléname con Tu amor perfecto para que mi corazón confíe plenamente en Ti, y cierra la puerta a esta atadura. Te doy permiso, Espíritu Santo, para excavar, examinar mis caminos, y llevarme a un lugar de sanidad, esperanza y prosperidad—cuerpo, alma y espíritu. Muéstrame la verdadera definición de prosperidad. Tú has puesto ante mí la vida y la muerte. Yo elijo VIDA—hoy y siempre. En el nombre de Jesús. Amén.

CAPÍTULO SIETE

REFERENCIAS BÍBLICAS

Juan 10:10

Mateo 6:25-34

Mateo 25:14-30

Números 13:27-33

1 Samuel 17:45-47

2 Corintios 10:3-5

2 Timoteo 1:7

1 Juan 4:18

Deuteronomio 30:19-20

Juan 8:36

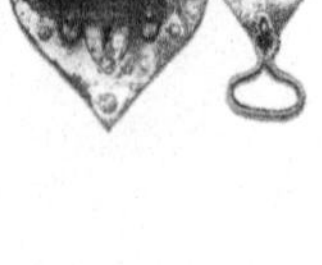

Creados para Buenas Obras

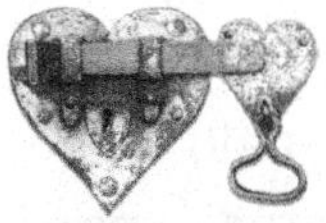

Porque somos hechura suya, creados en Cristo Jesús para buenas obras, las cuales Dios preparó de antemano para que anduviésemos en ellas. Efesios 2:10

El apóstol Pablo escribió a la iglesia en Éfeso, quienes eran seguidores de Jesucristo, estas palabras para exhortarlos a mantenerse firmes y fieles a su llamado. Dios nos ha dado todas las instrucciones que necesitamos para ejercer la fe y vivir de acuerdo con aquello para lo que Él nos ha llamado. El trabajo es una de esas áreas.

En Mateo 5:14-16, Jesús dijo: "Vosotros sois la luz del mundo. Una ciudad asentada sobre un monte no se puede esconder. Ni se enciende una lámpara y se pone debajo de un cesto, sino sobre el candelero, y alumbra a todos los que están en la casa. Brille así vuestra luz delante de los hombres, que vean vuestras buenas obras y glorifiquen a vuestro Padre que está en los cielos."

En ambas Escrituras se utiliza el término buenas obras. ¿Qué son las buenas obras? Las buenas obras son las que se hacen para la gloria de Dios. Son buenas porque honran a Dios y aman a la gente. Son hechas para la gloria de Dios, por la fuerza de Dios, porque Dios manda. Esto no habla de trabajar, pero quiero hilar esto porque el hecho es que Dios nos ha creado para trabajar. Eso es lo que dice Juan 5:17 cuando Jesús respondió a los judíos que buscaban perseguirlo y dijo: "Mi Padre ha estado trabajando hasta ahora y yo he estado trabajando."

¡Así que, evidentemente, Dios trabaja! Jesús trabaja. Interesante. Como pueblo, necesitamos reconocer que el trabajo no es algo malo que deba evitarse. El trabajo es santo. De hecho, el trabajo es una expresión de adoración. Fuimos creados para trabajar.

Veamos Génesis 2:1-3: "Así fueron acabados los cielos y la tierra, y todo el ejército de ellos. Y acabó Dios en el día séptimo la obra que hizo; y reposó el día séptimo de toda la obra que hizo. Y bendijo Dios al día séptimo, y lo santificó, porque en él reposó de toda la obra que había creado y hecho."

Dios es creador, y Él creó el trabajo.

El plan de Dios desde el principio de los tiempos era que el hombre también trabajara. Génesis 2:15 dice,

> Tomó, pues, Jehová Dios al hombre, y lo puso en el huerto de Edén, para que lo labrara y lo guardase." Y 1 Corintios 3:9 dice: "Porque nosotros somos colaboradores de Dios, y vosotros sois labranza de Dios, edificio de Dios.". Otra Escritura que hace referencia a nuestro trabajo se encuentra en Colosenses 3:23-24. "Y todo lo que hagáis, hacedlo de corazón, como para el Señor y no para los hombres; sabiendo que del Señor recibiréis la recompensa de la herencia, porque a Cristo el Señor servís.."

Algunas personas pueden decir que el trabajo es malo por la maldición que vino a través de Adán y Eva (Génesis 3:17-19). Sin embargo, la realidad es que Dios no ha cambiado de opinión acerca del trabajo.

"Porque también cuando estábamos con vosotros, os ordenábamos esto: Si alguno no quiere trabajar, tampoco coma. Porque oímos que algunos de entre vosotros andan desordenadamente, no trabajando en nada, sino entrometiéndose en lo ajeno. A los tales mandamos y exhortamos por nuestro Señor Jesucristo que, trabajando sosegadamente, coman su propio pan." (2 Tesalonicenses 3:10-12).

El trabajo es algo que Él nos creó para hacer. ¿Por qué? Porque allí tenemos la oportunidad de reflejar Su naturaleza y expresar quién es Él. Su obra manifiesta la grandeza y la bondad del Creador amoroso.

Actitudes y Ética

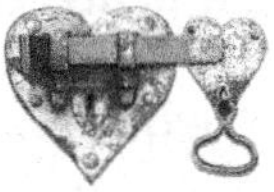

"Debemos ser transformadores de atmósferas... porque llevamos la presencia de Dios".

¿Qué tipo de actitud y ética de trabajo estás reflejando en tu lugar de trabajo? Puede que sea un buen cristiano el domingo, pero ¿qué pasa el lunes, martes, miércoles y el resto de la semana? Creo que deberíamos ser los mejores empleados. Deberíamos ser la última persona que una empresa quisiera dejar ir, porque hacemos una gran diferencia en su negocio. No estoy diciendo que debas ser un adicto al trabajo ni alguien que busca agradar a los hombres. No, sino que debemos trabajar de todo corazón, con diligencia, honestidad y eficiencia, como para el Señor.

Debemos ser transformadores de atmósferas, capaces de cambiar el ambiente laboral a algo positivo si ha sido negativo. Llevamos la presencia de Dios y podemos invitarlo a venir y traer paz. Si estoy en Él, entonces dondequiera que vaya, llevo el aroma de Cristo.

Se nos ha dado dominio sobre la tierra para trabajarla y administrarla, y Dios nos pide que cooperemos con Él en cada esfera de influencia. El lugar de trabajo es un ámbito sumamente importante para servir Sus propósitos, entregarnos, ejercer la autoridad de Su Reino y ser sal y luz.

Hace muchos años, vino a trabajar a la iglesia en un puesto administrativo una joven que había pasado cinco años en una prisión federal. Conoció a Cristo en la cárcel, y ¡vaya que es un lugar difícil para ser sal y luz! No tenía ningún lugar privado o tranquilo para ella sola para orar o leer, excepto su litera y un cuarto de escobas. Pero tomaba autoridad sobre ese pequeño espacio y declaraba que era suyo, una bendición, que sería feliz, e invitaba a la presencia de Dios a ese espacio. Y dondequiera que iba, literalmente llevaba la presencia del Señor. La gente podía sentirlo. Tu puedes hacer la misma diferencia en la atmosfera con tu vida, rendida a El.

¿Te das cuenta de que el Espíritu de Dios mora dentro de ti, y Él es tu ventaja? Eso es lo que dice la Palabra en Juan 16:7: "Sin embargo, os digo la verdad. Os conviene que yo me vaya; porque si no me voy, el Consolador no vendrá a vosotros; pero si me voy, os lo enviaré."

Tenemos una ventaja sobre otras personas que no son creyentes. ¿Por qué? Porque el Espíritu de Dios que escudriña todas las cosas, revela la verdad, nos guía y nos enseña, en realidad nos da a conocer las cosas que nos han sido dadas por Dios. Este Espíritu mora en ti y en mí. A través de Él aprendemos a buscar y cultivar la intimidad y la comprensión de las cosas espirituales. Entonces podemos discernir las cosas que suceden a nuestro alrededor, ser un conducto de Su amor, y traer transformación dondequiera que vayamos.

No estoy hablando de poner calcomanías de Jesús en el enfriador de agua del trabajo. Estoy hablando de vivir de tal manera que los hombres y las mujeres vean tus buenas obras y sientan hambre y sed de Dios. Que perciban que hay algo diferente en tu vida. Que reconozcan que hay un Padre en el cielo y anhelen conocerlo.

Tienes el privilegio de poder ir a trabajar. Sí, la oportunidad de expresar la misma naturaleza y carácter de Cristo en el mercado, en el aula, en la clínica, en la tienda, o en el lavado de autos. Puede que no sea muy emocionante o gratificante, o que no sea el lugar en el que quieras quedarte, pero no sabes con quién te vas a encontrar que necesite sanidad, esperanza o a Jesús. En ese momento, eres un embajador de Dios, Su siervo, llevando la misma presencia del Dios

Todopoderoso para traer vida a alguien necesitado. Todos estamos llamados a ser siervos y a reflejar la naturaleza de Dios en nuestro trabajo. Si quieres ser grande en el Reino de Dios, sé un siervo.

Tomando Acción

Proverbios 6:6-11 dice:

> Ve a la hormiga, oh perezoso,
> Mira sus caminos, y sé sabio;
> La cual no teniendo capitán,
> Ni gobernador, ni señor,
> Prepara en el verano su comida,
> Y recoge en el tiempo de la siega su mantenimiento.
> Perezoso, ¿hasta cuándo has de dormir?
> ¿Cuándo te levantarás de tu sueño?
> Un poco de sueño, un poco de dormitar,
> Y cruzar por un poco las manos para reposo;
> Así vendrá tu necesidad como caminante,
> Y tu pobreza como hombre armado.

El libro de Proverbios está lleno de Escrituras que hablan sobre los perezosos, los negligentes y los flojos, y los comparan con aquellos que trabajan con diligencia. Observa este pasaje de Proverbios 24, versículos 30-34:

> Pasé junto al campo del hombre perezoso,
> Y junto a la viña del hombre falto de entendimiento;
> Y he aquí que por toda ella habían crecido los espinos,
> Ortigas habían ya cubierto su faz,
>
> Y su cerca de piedra estaba ya destruida.
> Miré, y lo puse en mi corazón;
> Lo vi, y tomé consejo.

Un poco de sueño, cabeceando otro poco,
Poniendo mano sobre mano otro poco para dormir;
Así vendrá como caminante tu necesidad,
Y tu pobreza como hombre armado.

¿Cuántos de nosotros no nos damos cuenta de que hay recursos dentro de nosotros que aún no hemos aprovechado ni explorado? Puede que nos hayamos conformado con la incredulidad o el escepticismo y nos hayamos convencido de que nos faltan incluso las cualidades, dones y fortalezas básicas para tener éxito. Esta es un área crítica en la que necesitamos alinearnos y entrar en acuerdo con lo que Dios dice que somos.

Una vez que reconozcas que Dios te creó, que no eres un error, que Él es un Padre bueno y solo tiene cosas buenas preparadas para ti, entonces comenzarás a ver cómo la tierra dura, seca y yermada de tu mente y tu corazón empieza a romperse. La clave está en revelar esas cosas y en moverse.

Crecí en una granja de Texas en la época en que no teníamos dirección asistida en ningún vehículo. Es casi imposible dirigir un coche o girar el volante hasta que consigues que el coche se mueva. Tienes que ponerte en movimiento. Empieza a explorar y averigua cuál es el camino correcto para ti.

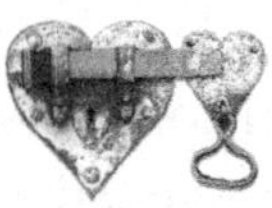

"Hay recursos dentro de nosotros que aún no hemos aprovechado ni explorado".

Nunca tuve la intención de convertirme en pastor. Susan y yo nunca lo consideramos en absoluto. Pero estábamos avanzando y escuchando a Dios. ¿Teníamos preguntas y preocupaciones? Absolutamente. Pero simplemente seguimos adelante, y Dios continuó revelando cosas, abriendo puertas y confirmando Su dirección. No importaba lo que no habíamos hecho, podríamos haber hecho o deberíamos haber hecho. Lo que importaba era que sabíamos que Dios es el mismo, ayer, hoy y por siempre, y que todos nuestros mañanas son buenos en Él.

No permitas que el temor o las creencias negativas nublen tu juicio o bloqueen tu oído. Proverbios 26:13 habla del hombre perezoso que dice:

> ¡Hay un león en el camino!
> ¡Un león feroz está en las calles!
> Como una puerta gira sobre sus goznes,
> Así se revuelca el hombre perezoso en su cama.
> El hombre perezoso mete la mano en el cuenco;
> Le fatiga volverla a la boca.
> El hombre perezoso se cree más sabio
> Que siete que pueden responder con sensatez.El escritor de Proverbios está diciendo que siempre hay un problema o una excusa. Siempre. Siempre hay un león rugiendo fuera de tu puerta, amenazándote y mintiéndote. Siempre hay algo: un obstáculo, alguna razón por la que las cosas no van a funcionar o van a fracasar. ¡Enfrenta esa voz, ese león, ese temor, y dile que NO permitirás que te robe más!

Hacia el Señor

Colosenses 3:22 - 4:1 dice:

> Siervos, obedeced en todo a vuestros amos terrenales, no sirviendo al ojo, como los que quieren agradar a los hombres, sino con corazón sincero, temiendo a Dios. Y todo lo que hagáis, hacedlo de corazón, como para el Señor y no para los hombres; sabiendo que del Señor recibiréis la recompensa de la herencia, porque a Cristo el Señor servís. Mas el que hace injusticia, recibirá la injusticia que hiciere, porque no hay acepción de personas.
>
> Amos, haced lo que es justo y recto con vuestros siervos, sabiendo que también vosotros tenéis un Amo en los cielos.

Esto es lo que nos dice este pasaje: no trabajes solo para que los demás vean lo que haces y reconozcan tu trabajo, ni únicamente cuando el jefe está presente para recibir elogios. Debemos trabajar al Señor, con gozo, de todo corazón, y como resultado, nuestro servicio será agradable a cualquiera para quien trabajemos. Nuestra vida se convierte en un aroma de Dios para el mundo al expresar Su misma naturaleza en nuestra dedicación y compromiso con nuestro Maestro. Su estándar está muy por encima del de los hombres, y también lo están Sus bendiciones.

Ya sea que estés en el mercado, en tu casa, en tu vecindario, en tu escuela, en una oficina del gobierno, o en el supermercado, estos son los lugares donde debemos estar sirviendo fielmente-no al hombre, sino a Dios, sabiendo que es del Señor que recibiremos Su justa recompensa. El trabajo es nuestro sacrificio de adoración, y Él lo llama Santo.

En lo Práctico

Para hacer cambios significativos en la vida financiera, hay que tener un plan. Ese plan se llama PRESUPUESTO. Todo el mundo necesita un presupuesto. No conozco ninguna empresa que no funcione con un presupuesto.

La iglesia de la que soy pastor fundador tiene un presupuesto. Tenemos un plan para manejar el dinero de Dios y demostrar responsabilidad fiscal y administración de los fondos que se nos confían.

> ***"Para salir de deudas, tienes que tener un plan".***

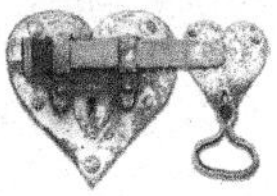

No es diferente para una familia o un ministerio, por grande o pequeño que sea. Y para salir de deudas, también debes tener un plan para ello. Como hemos hablado en capítulos anteriores, la deuda de consumo te puede destruir. La Palabra es clara: "No debáis a nadie nada, sino amaros unos a otros" y "el que pide prestado es siervo del que presta." Es un plan del enemigo para mantener al pueblo de Dios en esclavitud. Hacemos compras de cosas que no podemos permitirnos y luego tenemos que pagarlas con altos intereses.

Empiece por elaborar un presupuesto sencillo (véase el Apéndice A). Empiece con sus ingresos brutos mensuales, menos el diezmo. Si lo desea, puede añadir las donaciones y, por supuesto, los impuestos. Los ahorros también deben incluirse en el presupuesto; se recomienda un 15%. En la hoja, verá otras categorías que le ayudarán a identificar sus gastos mensuales, como alquiler, comida, gasolina, transporte, electricidad, seguro médico, etc. Hay cientos de programas, libros y guías en Internet que te ayudarán a elaborar un presupuesto viable.

Permíteme animarte a considerar tomar el curso de Dave Ramsey. Estas clases han sido invaluables para nuestra comunidad de nuestra iglesia, ya que periódicamente hemos ofrecido el programa. No esperes ni pospongas hacer lo que necesitas para salir de deudas y comenzar un camino hacia la libertad financiera. Comienza dando el diezmo y observa cómo Dios hace cosas asombrosas con tus finanzas.

Por más difícil que pueda parecer considerarlo, es posible que necesites tomar un segundo o tercer trabajo por una temporada. Hace algunos años, tuvimos un amigo banquero que formaba parte de nuestra iglesia. Tenía una reunión tardía y se detuvo en un 7-11. Lee se acercó a la caja para pagar y reconoció al cajero. El caballero le dijo: "Sé lo que estás pensando—¿qué hago yo aquí trabajando de noche?" El cajero, un hombre asiático, trabajaba en el mismo banco que Lee durante el día. Continuó: "Los estadounidenses se enfocan mucho en sus empleos y cargos, pero para mí, es un honor poder pagar mis cuentas. Me he metido en algunos problemas y voy a hacer lo que sea necesario para salir de deudas." No hace falta decir que eso causó una gran impresión en Lee. Ese tipo de determinación es la que puede cambiar tu situación financiera. Los testimonios de avances y libertad han valido todo el esfuerzo.

¿Es fácil? No, no lo es. Y lleva tiempo, meses o incluso años. Personalmente, a mí me tomó ocho años. Puede que sea necesario hacer muchos sacrificios o mantener el dinero en sobres para saber en qué lo estás gastando. Pero Dios está comprometido con tu libertad y te capacitará para vivirla. Nuestro amoroso Padre quiere que tengas las bendiciones de Su provisión que prometió a Abraham y a toda la humanidad. No desea que el enemigo tenga control sobre ti, tus finanzas ni ninguna área de tu vida. Fuiste creado para ser un conducto de los recursos del Reino, a través del cual Él pueda mostrar Su esplendor, Su majestad y Su bondad. Tómalo por Su Palabra; ponlo a prueba y verás cómo derrama bendiciones que no podrás contener. "Porque los ojos del SEÑOR recorren toda la tierra para mostrar su poder a favor de aquellos cuyo corazón le es fiel" (2 Crónicas 16:9). ¡Así sea!

TÓMALO EN SERIO

Querido Dios, sabes que mi corazón está cargado con el peso de las responsabilidades que llevo y con la conciencia de Tu orden divino y la mayordomía que me has confiado. Perdóname por las decisiones que he tomado y que me han costado caro, y que no me han conducido a la libertad y la esperanza. Dirige mis ojos y mi corazón a servirte con los recursos que me has dado, y ayúdame a entender que fui creado para buenas obras y que debo caminar en ellas.

Ayúdame a honrarte en mi trabajo y a reflejar un corazón agradecido en todo lo que hago, ya sea en mi hogar, en mi comunidad o en el lugar donde trabajo. Que mi vida traiga gloria a Ti. En el nombre de Jesús. Amén.

CAPÍTULO OCHO

REFERENCIAS BÍBLICAS

Efesios 2:10

Mateo 5:14-16

Juan 5:17

Génesis 2:1-3

Génesis 2:15

Génesis 3:17-19

2 Tesalonicenses 3:10-12

Juan 16:7

Proverbios 24:30-34

Proverbios 26:13

Colosenses 3:22 - 4:1

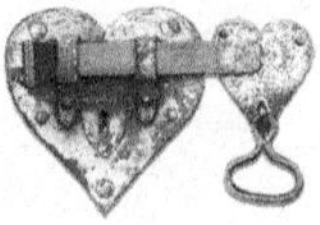

APÉNDICE A: PRESUPUESTO MENSUAL PERSONAL

A continuación se muestra un presupuesto de ejemplo de Ramsey Solutions.
Para obtener más información sobre cómo hacer un presupuesto,
visite www.ramseysolutions.com

PRESUPUESTO BASE CERO

Con un presupuesto base cero, le asignarás una función a cada dólar que ingresa para que tu dinero trabaje para ti.

Sí, este formulario de presupuesto tiene muchas líneas y espacios en blanco. Pero está bien. Lo hacemos así para que podamos incluir prácticamente cualquier gasto imaginable en este formulario y evitar que olvides algo. No esperes tener que llenar cada línea. Solo utiliza las líneas que sean relevantes para tu situación específica.

Paso 1

Escribe tu ingreso mensual neto (después de impuestos) en el recuadro de la parte superior derecha (A). Esta es la cantidad que tienes para el mes para hacer tu presupuesto. Hasta aquí todo bien, ¿verdad?

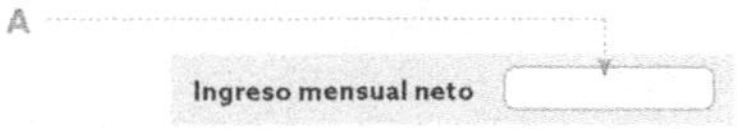

Paso 2

Dentro de cada categoría principal, como Comida, hay subcategorías, como Alimentos. Comienza desde arriba y ve avanzando hacia abajo, llenando primero la columna de Presupuestado (B). Suma cada subcategoría y coloca esa cantidad en el recuadro de Total (C).

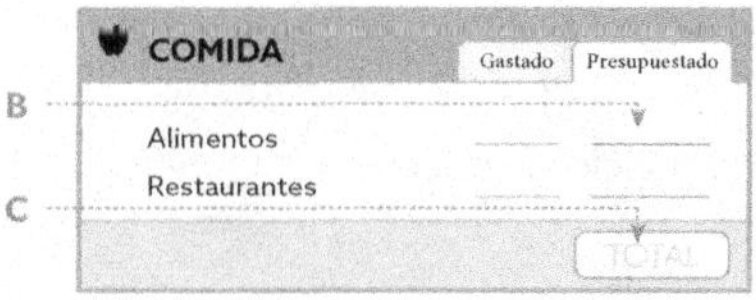

Paso 3

Finalmente, escribe tu ingreso neto en el recuadro superior al final de la página (D), luego suma todas las categorías y coloca el total en el recuadro de Totales de Categorías (E). Después, resta el total de las categorías de tu ingreso neto. Deberías tener un saldo de cero (F). ¿No se siente genial?

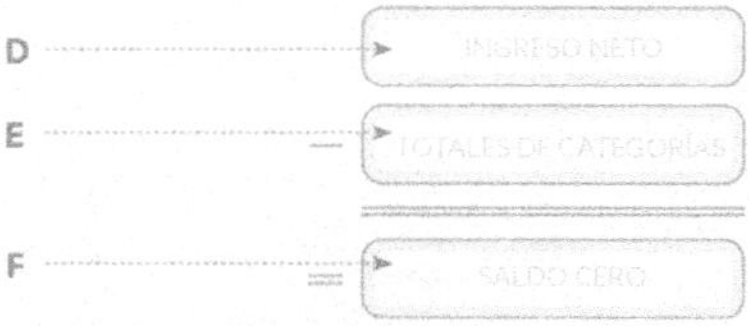

Paso 4

Cuando termine el mes, anota lo que realmente gastaste en la columna de **Gastos** (G). Eso te ayudará a hacer los ajustes necesarios en el presupuesto del próximo mes.

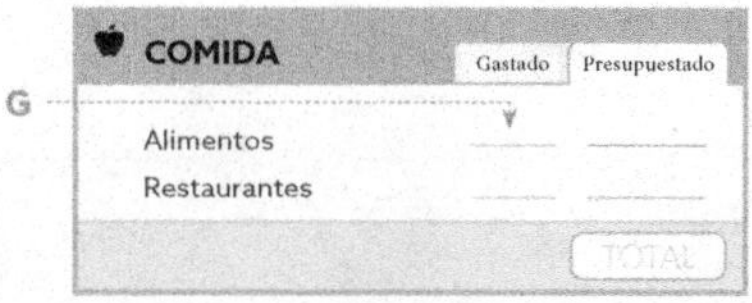

Ingreso mensual neto

Suma la columna de Presupuestado y anota el total aquí.

Estos íconos representan buenas opciones para sobres de efectivo

DONACIONES

	Gastado	Presupuestado
Diezmos		
Donaciones y ofrendas		
		TOTAL

COMIDA

	Gastado	Presupuestado
✉ Alimentos		
✉ Restaurantes		
		TOTAL

AHORROS

	Gastado	Presupuestado
Fondo de Emergencia		
Fondo de Jubilación		
Fondo Universitario		
		TOTAL

ROPA

	Gastado	Presupuestado
✉ Adultos		
✉ Niños		
✉ Limpieza / Lavandería		
		TOTAL

VIVIENDA

	Gastado	Presupuestado
Primera Hipoteca / Alquiler		
Segunda Hipoteca		
Impuestos sobre Bienes Raíces		
Reparaciones y Mantenimiento		
Cuotas de Asociación		
		TOTAL

TRANSPORTE

Usa el formulario de ingreso[illegible]ario.

	Gastado	Presupuestado
Gasolina y Aceite		
✉ Reparaciones y Llantas		
Licencias e Impuestos		
Reemplazo de Vehículo		
Otros ______		
		TOTAL

SERVICIOS PÚBLICOS

	Gastado	Presupuestado
Electricidad		
Gas		
Agua		
Basura		
Teléfono / Móvil		
Internet		
Cable		
		TOTAL

GASTOS MÉDICOS

	Gastado	Presupuestado
Medicamentos		
Consultas Médicas		
Servicios Dentales		
Servicios de Optometría		
Vitaminas y Suplementos		
Otros ______		
Otros ______		
		TOTAL

SEGUROS

	Gastado	Presupuestado
Seguro de Vida		
Seguro Médico		
Seguro de Vivienda / Inquilino		
Seguro de Auto		
Seguro por Discapacidad		
Protección contra Robo de Identidad		
Seguro de Cuidado a Largo Plazo		
		TOTAL

GASTOS PERSONALES

	Gastado	Presupuestado
Artículos de Aseo Personal (Toiletries)		
Cosméticos y Cuidado del Cabello		
Educación / Matrícula		
Libros y Útiles		
Manutención de Hijos		
Pensión Alimenticia		
Suscripciones		
Cuotas de Organizaciones		
Regalos (incluyendo Navidad)		
Reemplazo de Muebles		
Dinero Personal (Él)		
Dinero Personal (Ella)		
Artículos para Bebé		
Artículos para Mascotas		
Música y Tecnología		
Misceláneos		
Otros ______		
Otros ______		
		TOTAL

RECREACIÓN

	Gastado	Presupuestado
Entretenimiento		
Vacaciones		
		TOTAL

DEUDAS

	Gastado	Presupuestado
Pago de Vehículo 1		
Pago de Vehículo 2		
Tarjeta de Crédito 1 ______		
Tarjeta de Crédito 2 ______		
Tarjeta de Crédito 3 ______		
Tarjeta de Crédito 4 ______		
Tarjeta de Crédito 5 ______		
Préstamo Estudiantil 1		
Préstamo Estudiantil 2		
Préstamo Estudiantil 3		
Préstamo Estudiantil 4		
Otros ______		
Otros ______		
Otros		
Otros ______		
Otros ______		
		TOTAL

Una vez que hayas completado cada categoría, resta el total de todas las categorías de tu ingreso neto.

Usa el formulario de ingresos si es necesario.		INGRESO NETO
Usa el formulario de ingresos si es necesario. Suma los totales de cada categoría.	−	TOTALES DE CATEGORÍAS
Recuerde - El objetivo de un presupuesto base cero es llevar esta cantidad a cero	=	SALDO CERO

ACERCA DEL AUTOR

Terry Moore se licenció en Administración de Empresas por la SMU. Después de graduarse, Terry se casó con su novia de la infancia, Susan Stroube Moore, que también se graduó de la clase de 1973 de SMU. Poco después, Terry comenzó su carrera en el sector inmobiliario comercial y posteriormente se diversificó en la industria del petróleo y el gas como inversor y productor independiente.

Terry y Susan se convirtieron en exitosos propietarios de negocios, activos en su iglesia y comunidad. En 1982, la pareja asistió a una Conferencia Cristiana donde encontraron al Señor de una manera que cambió sus vidas. Los Moore comenzaron entonces un estudio bíblico en su casa, que continuó durante cuatro años e influyó en muchas personas que les animaron a considerar la posibilidad de iniciar una iglesia. En enero de 1987, Terry y Susan, junto con otras parejas del Estudio Bíblico, fundaron la Iglesia Sojourn. Esto supuso un gran cambio para Terry, que nunca había considerado el ministerio como una opción profesional. Bajo su liderazgo, la iglesia continuó creciendo, resultando en la reubicación en 1997 a sus instalaciones actuales en Carrollton, Texas. A medida que la membresía aumentó con familias de todo el Metroplex, los Moore fueron fundamentales en el levantamiento de líderes y la plantación de nuevas iglesias en la región.

Durante casi tres décadas, la Iglesia Sojourn ha desempeñado un papel decisivo en la coordinación y celebración de conferencias para miles de participantes a nivel local y mundial. Además, Terry y Susan colaboran con varios ministerios locales del centro de la ciudad, que alimentan a los pobres, ofrecen programas de recuperación, ofrecen programas extraescolares y educación de adultos para la reinserción en la sociedad.

Terry dedica gran parte de su tiempo a preparar mensajes, reunirse con líderes y animar a otros. Ha escrito varios estudios bíblicos destinados a equipar a los cristianos para vivir victoriosamente. Forma parte del consejo de varios ministerios locales, así como de muchas organizaciones internacionales.

Terry y Susan han viajado mucho por todo el mundo. Siguen participando en varias misiones en el extranjero donde equipan a pastores y líderes de iglesias con el poder transformador de Jesucristo.

Terry es el pastor fundador y anciano de la Iglesia Sojourn. Él y Susan han estado casados por más de 50 años y tienen un hijo y una nuera con 2 hijos adolescentes, y también una hija y un yerno con tres hijas pequeñas.

MÁS TÍTULOS DISPONIBLES EN LA SERIE FUNDAMENTOS AVANZADOS

La Cruz es
la Llave

Amor, Identidad
y Propósito

Realmente
Libre

Escuchando
a Dios

Entrenamiento
Básico

Liberando a
Los Cautivos

Descubriendo
Libertad Financiera

Una serie de vídeos de estos títulos está disponible en advancedbiblicalfoundations.org/watch

Para más información sobre cualquier título en la serie, visite

www.advancedbiblicalfoundations.org

Made in the USA
Monee, IL
04 November 2026

67383579R00079